LEXI LARGO

Jochen, nein! Wir sterben nicht.

JOCHEN, NEIN! WIR STERBEN NICHT
1. Auflage
Copyright © 2025 bei Lexi Largo
Lektorat: Alexander Thum
Korrektorat: Alexander Thum

Umschlaggestaltung und Konzeption:
Lexi Largo

Kontakt zum Autor
Lexi Largo
c/o autorenglück.de
Franz-Mehring-Str. 15
01237 Dresden

E-Mail: LexiLargo@web.de
Instagram: Lexi_Largo

Verlag:
BoD · Books on Demand GmbH,
Überseering 33, 22297 Hamburg,
bod@bod.de
Druck:
Libri Plureos GmbH,
Friedensallee 273, 22763 Hamburg
ISBN: 978-3-7693-5119-4

JOCHEN, NEIN! WIR STERBEN NICHT.

von Lexi Largo

-2025-

Zum Buch:

Du hast es endgültig satt? Du willst endlich Panikattacken und Angstzustände in den Griff kriegen? Du sehnst dich nach einem klaren Kopf – frei von kreisenden Gedanken?

Dann ist dieses Buch genau das Richtige für dich.

Über vier Jahre habe ich analysiert und ausprobiert: von Psychotherapie, Hypnose, Meditation und Naturheilkunde bis hin zu Spiritualität und unzähligen Gesprächen mit anderen Betroffenen. In diesem Buch habe ich die besten und wirksamsten Methoden zusammengetragen, die dir helfen können, Panikattacken und Angstzustände zu bewältigen.

Kein endloses Gefasel, kein Medizinstudium nötig – hier findest du Lösungsansätze, klipp und klar, ab der ersten Seite.

Greif zur Bazooka und sag deinem Jochen den Kampf an!

Zum Autor:

L EXI LARGO ist ein in Frankfurt am Main wohnhafter Autor und Musiker.

1987 erblickte er in der ehemaligen DDR das Licht der Welt, wuchs aber in NRW auf. Sein sprunghaftes Gemüt und seine Umtriebigkeit brachten ihn durch ganz Deutschland - sogar in Norwegen lebte er einige Jahre. Schließlich zog er 2014 nach Frankfurt am Main und ist dort bis heute ansässig.

Seine philosophischen Ansätze verschwimmen mit Geschichten, die neben ihrem Unterhaltungswert auch stets die passenden Fragen aufwerfen und so den Leser mit sich selbst konfrontieren.

Sein Erstlingswerk „Der Sommer flüstert Leben" ist eine lockere Coming-of-age Story und wurde im Alleingang 2022 veröffentlicht. Im Februar 2024 kam der Horror-Roman „Helvete" über den Redrum-Books Verlag.

Im April 2024 folgte der Thriller „Tage ohne Gestern", der ebenfalls über den Redrum-Books Verlag veröffentlicht und auf der Leipziger Buchmesse 2024 vorgestellt wurde.

Lexi Largo hielt mehrere Lesungen zu seinen Büchern, die die Frankfurter Presse stets positiv begleitete und kommentierte. Sein viertes Werk ist ein Sachbuch, das sich mit Panikattacken beschäftigt – ein persönliches Anliegen des Autors. Lyrik und Rhetorik zählten schon immer zu seinen größten Stärken, während sein Hang zur Melancholie seine Schwäche ist. Er ist fest entschlossen, ein erfolgreicher Buchautor zu werden und investiert jede freie Minute in diesen Traum.

Sein markantes Erscheinungsbild mit den vielen Tattoos führt oft dazu, dass ihn die meisten Menschen unterschätzen. Doch sein Intellekt, Charme und seine Redekunst formen einen einzigartigen Charakter, wie ihn die Literaturwelt bisher noch nicht erlebt hat.

JOCHEN, NEIN! WIR STERBEN NICHT.

von Lexi Largo

Vorwort

Wir kommen hier zusammen, weil uns etwas verbindet – die Angst vor dem Unbekannten.

Du suchst die Hilfe, die ich damals gerne gehabt hätte. Uns plagt ein Dämon, den wir kaum beschreiben können – aber benennen werden wir ihn.

Es ist ein furchtbares Gefühl, das wir selbst auslösen – und genauso können wir es auch wieder abstellen. Selbst.

Vor dir liegt ein schwieriger, langwieriger, aber nicht unmöglicher Weg. Dieses Buch ist dein Wanderrucksack. Du leidest – also bleibt im Moment keine Zeit für umfassende Studien, doch ohne therapeutische Hilfe wirst du es kaum ganz in den Griff bekommen.

Deshalb weise ich darauf hin, dass dieses Buch keine Psychotherapie ersetzt – aber es wird dir helfend zur Seite stehen, wenn es drauf ankommt. Die hier aufgeführten Methoden habe ich sorgsam geprüft, recherchiert und getestet. Mir haben sie geholfen, deshalb gebe ich dieses Wissen weiter. Natürlich bedeutet das nicht automatisch, dass sie auch bei dir wirken – jeder Mensch ist anders, jeder hat einen eigenen Kopf. Aber du findest hier eine Vielzahl von Lösungsansätzen, sodass bestimmt etwas dabei ist, das dir guttut und dir einen richtigen Weg weist.

Es ist nur dein Kopf, nur dein „Jochen".
Sag ihm, er soll die Klappe halten.

Inhaltsverzeichnis

Prolog:

Eines Nachts wachte ich mit einem beklemmenden Gefühl auf. Es war unangenehm, belastend und einfach nur beängstigend.

Ich fühlte mich hilflos, als würde ich in ein tiefes schwarzes Loch fallen. Für den Moment dachte ich an einen Traum, doch die Situation war so wirklich wie meine schweißnassen Hände. Wie gelähmt lag ich da und lauschte dem hämmernden Herzschlag in meiner Brust, der jede Sekunde stärker zu werden schien, je mehr ich mich darauf konzentrierte. Die Intensität der Situation spitzte sich weiter zu. Meine Atmung beschleunigte sich, und ich fühlte, dass ich nicht genug Luft bekam. Mein Herzschlag wurde so intensiv, dass ich einen Herzinfarkt befürchtete.

Ich war mir sicher, alleine nachts im Bett sterben zu müssen.

Das kommt dir bekannt vor?

Panikattacken und Angstzustände betreffen durchschnittlich jeden vierten Menschen, und doch spricht kaum jemand darüber. Dabei ist das Reden darüber so wichtig, denn die Angst braucht einen Zuhörer – und das sind wir selbst. Du hast dieses Buch in die Hand genommen, weil du Unter-

stützung suchst, und ich möchte dir Ansätze zeigen um mit Angstzuständen besser zurechtzukommen. Über viele Jahre hinweg habe ich zahlreiche Dinge ausprobiert, um mein Problem in den Griff zu kriegen - von einfachen Methoden wie Meditation über schwachsinnige Käufe nutzloser Glücksbringer bis hin zur professionellen Psychotherapie. Es liegt mir sehr am Herzen, meine Erfahrungen zu teilen, und deshalb habe ich hier die wirkungsvollsten Ansätze zusammengetragen, die mir geholfen haben, dieses Problem zu bewältigen. Natürlich ersetzt dieses Buch keine fachärztliche Behandlung, aber es weist ein paar einfache Wege auf, die dir im Alltag helfen können, mit Panikattacken besser umzugehen.

In erster Linie wirst du lernen, besser auf deinen Körper zu hören. Panikattacken sind im Grunde Signale, die dir dein Körper sendet. Stell sie dir wie ein lautes Radio vor: Wenn die Panik kommt, ist es voll aufgedreht und schmerzt in den Ohren. Doch in Phasen, in denen es dir gut geht, läuft das Radio auf Zimmerlautstärke. Das heißt, die Signale sind stets vorhanden. Mit diesem Buch wirst du lernen, diese Signale bewusst wahrzunehmen und das Radio dauerhaft in angenehm leiser Lautstärke im Hintergrund laufen zu lassen. Mit anderen Worten: Die Grundfrequenz bleibt, aber es ist möglich, das laute Rauschen zu beseitigen.

Am wichtigsten ist es, auf deinen Körper zu hören. Kleine Anzeichen von Erschöpfung, Stress, Sorgen und das berühmte Gedankenkarussell sind die Grundfrequenz, die irgendwann dazu führen kann, dass du den Lautstärkeregler hochdrehst. Doch wir möchten die Musik angenehm leise halten – als entspannter Soundtrack unseres Lebens. Denn unser Leben ist nun mal kein Stummfilm. Kummer und Ängste sind genauso Teil des menschlichen Wesens wie Freude und Spaß. Negative Emotionen sind wichtig, um eine gesunde Balance zu wahren. Leider neigen wir dazu, Dinge zu pauschalisieren und uns an Umstände zu gewöhnen, was zur Folge haben kann, dass wir uns an einen Zustand permanenter Anspannung gewöhnen.

Das sollten wir nicht vernachlässigen! Für Geist und Körper ist es enorm wichtig, regelmäßig die Batterien aufzuladen. Ein Teil davon passiert im Schlaf, aber noch stärker prägen uns die täglichen Umstände. Wir sind regelrecht darauf programmiert, immer unter Anspannung zu stehen und einem konstanten Stresslevel ausgesetzt zu sein. Das bringt die moderne Welt einfach mit sich – mit ihren Technologien und all dem, was täglich auf uns einströmt. Unser Leben gleicht einem Schnellzug,

der kaum stoppt und voll mit gestressten Fahrgästen ist, die wegen vergangener Verspätungen schon schlecht gelaunt sind. Wir wollen diesen Zug entschleunigen, die Fahrgäste beruhigen und das laute Rattern in eine entspannte Gebirgsfahrt mit dem Orient-Express verwandeln.

Unser Körper ist das Zentrum unserer Existenz, unser physisches Leben. Wir möchten ihn nicht nur gesund halten, sondern dauerhaft glücklich machen. Unser Körper ist mehr als ein biologischer Organismus – er speichert auch Informationen. Ob wir gut schlafen, uns ausgewogen ernähren, beim Autofahren aggressiv reagieren, rauchen, trinken, Sport treiben oder uns nicht bewegen – unser Körper nimmt diese Eindrücke auf und speichert sie langfristig. Alles, was wir sehen, hören, riechen und fühlen, wird durch den Körper verarbeitet. Man nennt das Körpergedächtnis. Jeder Einfluss, jede Wahrnehmung wirkt sich darauf aus, wie sich unser Körper fühlt und wie er in bestimmten Situationen reagiert. So bekommen manche Menschen eine Gänsehaut, wenn sie eine Spinne sehen – eine Reaktion aus Angst. Und genau darum soll es gehen, denn diese Ängste kann man kurieren.

Schau deinen Körper an. Wie ist deine Haltung im Augenblick?

Nimm dir einen Moment Zeit und überlege, wo die Anspannung sitzt. Teile deines Körpers sind permanent unter Spannung, ohne dass du es bemerkst.

Du bekommst jetzt einen Eindruck für ein neues Gefühl:

Löse die Zunge vom Gaumen. Lass sie locker im Mund

ihren Platz einnehmen und entspanne deine Mimik. Schau mal, als hätte dir jemand die dümmste Info deines Lebens gegeben, wie zum Beispiel „Glatzen sind ausgefallene Frisuren". Okay, lasse die Mundwinkel wieder sinken und entspanne dein Gesicht. Bring Ruhe in deine Augen und löse den Druck an dem Punkt zwischen deinen Augenbrauen. Versuche dein Gesicht zu lockern, lass alle Muskeln weich werden. Wie fühlst du dich jetzt? Ist dir schon mal aufgefallen, dass dein Gesicht oft angespannt ist? Zusammengekniffene Augen, eine gerunzelte Stirn, verspannte Augenbrauen und die Zunge, die ständig an den Gaumen gepresst wird...

Gönn dir ab und zu ein bisschen Entspannung und lass einfach mal kurz los. Nimm deinem Kopf die Schwere, atme tief durch und lies in Ruhe weiter.

Denke an jemanden in deinem Leben, über den

du dich immer amüsieren kannst. Das kann der Klassenclown von früher, ein Comedian im Fernsehen, ein tollpatschiger Arbeitskollege oder einfach eine fiktive Person sein. Erschaffe eine Freundin oder einen Freund, der dir beim ersten Gedanken ein Lächeln ins Gesicht zaubert. Gib ihr oder ihm einen Namen, der dich persönlich erheitert und mit positiven Erinnerungen verbindet, sofern sie oder er noch keinen Namen hat.

Bei mir ist es Jochen.

An dieser Stelle möchte ich mich bei allen Personen namens Jochen entschuldigen – es ist nicht persönlich gemeint. Mir geht es um den Aufbau einer Freundschaft, denn die wird lange halten müssen. Also kann sich doch eigentlich jeder Name geehrt fühlen, egal ob Martina, Julius, Klodwig, Rasputin, Störenfried, Waldmeister, Gonzales oder Eitelfritz. Wähle einen Namen, mit dem du reden möchtest, der dich aufheitert und von nun an deine neue bzw. dein neuer (wenn auch unliebsame/r) Freund/in sein wird.

Für mich ist es Jochen aus dem Kindergarten, der immer eine Rotzblase an der Nase hatte. Diese auffällige „Leuchtkraft" ließ mich vermuten, dass er klug sein müsste, da sie mich an eine Glühbirne erinnerte. Jochen war zwar nicht gerade ein Genie, aber er war damals mein bester Kumpel und bringt noch heute in Form eines imaginären Freundes Licht in mein Leben, auch wenn ich ihn in dieser Form als Freund nicht mehr leiden kann.

Das A und O ist die Kommunikation. Du musst klar und deutlich sagen, was du willst.

Ratgeber über Atemtechniken, Meditation, Druckpunktmassagen (Akupressur) oder dergleichen können hilfreich sein, aber in akuten Momenten brauchst du die Bazooka. Die Panik will nur eins von dir, und zwar deine Aufmerksamkeit. Dein Körper sendet dir ein Signal und versetzt sich in den Alarmzustand, also frage ihn bei Gelegenheit, warum er das tut. Dafür horchen wir zu einem späteren Zeitpunkt im Buch in uns hinein, aber zuerst musst du deinen neuen „Freund" in die Schranken weisen.

Meine liebsten ersten Reaktionen, wenn ich spüre, dass die Panik kommt, sind: »Och Jochen, was' denn nu' schon wieder? Nee Jochen, lass mich jetzt in Ruhe, wir reden später. Sie haben geläutet? Jochen, Bro, was geht bei dir?« oder wenn's richtig brenzlig wird:

»Jochen, Nein! Wir sterben nicht.«

Ich hatte sowieso schon immer eine leicht

morbide Grundhaltung zum Leben, also ließ ich es geschehen. Ich dachte, »Was soll's? Dann ist es eben so.« Schade, aber ich akzeptiere es.

Viele werden den Moment kennen, in dem man angsterfüllt auf sein Smartphone schaut und kurz davor ist, sich selbst einen Krankenwagen zu rufen. Komme über den Moment hinweg! Sei aufmerksam und sage dir selbst, dass es gut ist. Hör in dich hinein, verdränge das laute Rauschen des Radios und versuche die schöne Musik zu erkennen, die im Hintergrund spielt. Dreh am Frequenzknopf, bis der Empfang wieder klar ist. Mit anderen Worten: Ich habe mir wiederholt eingeredet, dass ich gesund bin. Ich habe mir mit aller Überzeugung klar gemacht, dass mir nichts fehlt und mir nichts passieren wird.

Mit diesem Gedanken vertiefte sich meine Atmung und mein Herzschlag wurde langsamer. Ich hatte die feste Überzeugung, dass mein Herz bald stehen bleiben würde, doch stattdessen normalisierte es sich. Ich lag wach im Bett und war am Leben.

Die Nacht war für mich vorbei, ganz klar, aber ich konnte nicht aufhören, daran zu denken. Was war das? Die Gedanken daran ließen mich nicht los. Hatte mein Immunsystem oder mein Lebenswille mich gerettet? War es mein Gleichmut, der mich dem Tod hatte von der Schippe springen lassen?

Diese Erfahrung hatte mich von nun an fest im Griff, und je mehr ich darüber nachdachte, desto schlimmer wurde es. Ich erschuf einen Dämon, der nur versehentlich in mein Leben gestolpert war und zwang ihn zu bleiben.

Und damit ich mich besser mit ihm arrangieren konnte, machte ich Jochen zum Freund. Mir blieb nichts anderes übrig.

Viele Menschen wissen im ersten Moment nicht, dass sie eine Panikattacke haben, wenn es zum ersten Mal passiert. Wenn es aber schon öfter vorkam und die Hausärzte keine befriedigende Antwort geben können, fängt man an selbst tätig zu werden. So wirst du wahrscheinlich auch auf dieses Buch gestoßen sein. Sehr gut, denn ich habe diesen Leidensweg schon durch und lasse dich an meinen Erfahrungen teilhaben. Dabei sage ich jedoch nicht, dass ich dich heilen kann, denn ich bin weder Arzt noch Heilpraktiker noch Zauberer. Aber ich kann dir mit meinen Erfahrungen Beispiele aufzuzeigen, die dir helfen können, besser mit deiner Angst umzugehen. Einige davon können für dich Gold wert sein, denn du hast sie vielleicht noch gar nicht gewusst. Dabei ist es natürlich immer abhängig vom

Individuum, denn jeder Mensch ist anders empfänglich.

Die wichtigsten Informationen und die besten Strategien habe ich in diesem Buch zusammengefasst, und es ist an der Zeit, dieses Wissen mit dir zu teilen.

Hier ist es, hier nimm' es!

1. Kapitel – Einführung
Die ersten Begegnungen mit der Angst

Nach einiger Recherche wurde mir klar, dass ich in jener Nacht eine Panikattacke erlebt hatte. Dennoch war ich unsicher und wollte das organisch abklären lassen, also suchte ich einen Arzt auf – so etwas wollte ich schließlich nie wieder durchmachen.

Der Arzt nahm sich die Zeit für eine gründliche Untersuchung, entnahm Blut und überwies mich an diverse Spezialisten. In den folgenden Wochen befand ich mich in ständiger ärztlicher Betreuung. Ich fühlte mich gut aufgehoben, in der festen Erwartung, bald eine Erklärung für mein nächtliches Erlebnis zu erhalten. Doch die Ergebnisse blieben aus.

Meine Blutwerte waren optimal, Röntgen und MRT zeigten keine Auffälligkeiten, und auch der Ultraschall meines Bauches war unauffällig. Ich war gesund – und das verwirrte mich zutiefst. Was hatte mich also aus meinem Schlaf gerissen?

Dazu muss ich erwähnen, dass diese erste Panikattacke bei mir Durchfall und Erbrechen auslöste, gefolgt von einer Ohnmacht. Ich wachte irgendwann nachts auf dem Duschvorleger im Bad auf und hatte mir den Kopf an der Kante der Badewanne gestoßen. Ich hatte unglaubliche Angst, dass mir das wieder passieren könnte, Angst vor der Hilflosigkeit und dem Alleinsein. Die Ärzte mutmaßten einen Virus, der mich dahingerafft hatte, ähnlich einer Magen-Darmgrippe. Aber das war es nicht, da war ich mir sicher. Erst kam die Panik, dann das Unwohlsein, das mich zur Toilette trieb, und dann drehte sich mein Verdauungstrakt auf links. Das passierte aber nur ein Mal. Ein Darmvirus hätte mich wohl die ganze Nacht beschäftigt. Mittlerweile ist es wissenschaftlich nachgewiesen, dass Sorgen, Ängste und Depressionen einen physischen Einfluss auf unseren Körper haben können.

Der Mangel an Aufklärung über mein Problem führte zu einer noch schlimmeren Situation: Ich entwickelte eine Angst vor der Angst. Aber wie bei allem im Leben bedingt die Dosis die Wirkung des Gifts. Wenn Dinge oder Erfahrungen, die eigentlich nicht schlimm sind, Angst auslösen, verliert die ursprüngliche Funktion der Angst ihren Nutzen, denn sie soll uns schützen. Selbst die Gänsehaut beim Anblick einer Spinne oder dem Schauen eines Horrorfilms hat evolutionär betrachtet einen Sinn: Sie stellt unsere Haare auf und ist ein Schutzmechanismus des Körpers, der unser Überleben sichern soll. Das Problem ist, dass der übermäßige Gebrauch der Angst seine eigentliche Wirkung verliert. So erzeugen wir eine Angst vor der Angst, die uns zusätzlich körperlich belasten kann. Hast du schon mal Krankheitssymptome gegoogelt und warst danach überzeugt, genau die Krankheit zu haben, die die Suchmaschine angezeigt hat? Das ist eine subjektive Form der Selbstsabotage.

Das Fehlen einer klaren Antwort fühlte sich an wie ein Schicksalsschlag: Schuldig. Ab jetzt musste ich damit leben. Von diesem Moment an änderte sich alles.

Sobald es abends dämmerte, wurde ich unruhig. Schlaf, der einst ein schöner und entspannter Bestandteil meines Lebens war, wurde zu einer belastenden Herausforderung für mich.

Früher konnte ich tief und fest schlafen, doch seit jener Nacht fürchtete ich mich davor. Ich war so sehr auf die Rückkehr der Panikattacke fixiert, dass Schlafen unmöglich wurde oder vermieden werden sollte. Ich blieb wach, las nächtelang, schaute Dokumentationen und bemühte mich, meinen Geist mit positiven Gedanken zu füllen – keine

Horrorfilme, keine Thriller-Romane, kein Smartphone und vor allem keine Nachrichten vor dem Schlafengehen. Die ersten Wochen bestanden meine Nächte nur aus Ruhe, leichtem Schlummern und etwas Erholung. Manchmal schlief ich ein, aber selten mehr als zwei Stunden.

Da mir die Schulmedizin nicht weiterhelfen konnte, suchte ich nach alternativen Ansätzen. Ich entdeckte meine vergessene Spiritualität wieder, experimentierte mit Heilsteinen, verbrannte Räucherwerk und ließ mich auf eine Akupunkturbehandlung ein. Ich erneuerte meine Bettwäsche, kaufte eine neue Matratze und gestaltete mein Schlafzimmer neu. Ich schuf eine neue Umgebung, um mich von der Panik abzulenken. Trotz all dieser Bemühungen blieben die Panikattacken bestehen… Der Auslöser musste tief aus meinem Innersten kommen, also bestellte ich mir Bücher zu dem Thema, und hier kommt der Knackpunkt:

Die Bücher, die ich zu diesem Thema las, boten sicherlich wertvolle Tipps, doch um überhaupt erst einen Lösungsansatz zu finden und das Gelesene zu verinnerlichen, musste ich viele von ihnen durchlesen. Das kostete Zeit, und genau das soll dieses Buch verändern. Du brauchst Hilfe – sofort, nicht erst nach hunderten von Seiten. Es ist schwer, sich in einer akuten Panikattacke zu konzentrieren. Daher lernen wir jetzt, sofortige Lösungen umzusetzen!

Doch zuerst gebe ich eine kleine Anekdote zum Besten, um ein Beispiel einer solchen Paniksituation zu zeigen. Wenn du lieber sofort etwas über die Gegenmaßnahmen wissen möchtest, spring zu Kapitel zwei.

Ich plante den Besuch einer Messe in meiner Wahlheimat Frankfurt am Main. Als Ortskundiger war ich überzeugt, eine schlaue Alternative zu den teuren Messeparkhäusern zu finden. Also steuerte ich ein weniger bekanntes Parkhaus an, das zwar etwas weiter entfernt von der Messe liegt, dafür aber immer ausreichend freie Parkplätze bietet. Nachdem ich mein Auto geparkt hatte, begann mein Abenteuer.

Die Tür, die ich als Erstes entdeckte, trug ein grünes Notausgangsschild. Zwar war ich skeptisch, aber da keine andere Option eines Ausgangs in Sicht war, ging ich hindurch. Ich landete in einem Treppenhaus, die Tür schloss sich prompt hinter mir, und ich bemerkte, dass auf dieser Seite keine Türklinke war. Ohne klare Orientierung stieg ich die Treppen hinab, bis ich auf eine weitere Tür stieß. Diese hatte zwar eine Klinke, war jedoch verschlossen. Meine Verunsicherung wuchs. In meiner Verwirrung kam mir der Gedanke, dass der Ausgang vielleicht über eine höhere Ebene zu erreichen sei, möglicherweise durch das angrenzende Kaufhaus. Also kämpfte ich mich die Treppen wieder nach oben. Die Türen zählte ich dabei nicht mit, und plötzlich wusste ich nicht mehr, wo ich war oder auf welcher Parkebene mein Auto stand. Der Sauerstoff schien mir knapp zu werden und ich verlor die Orientierung. Die unzähligen Türen verwirrten mich, und schließlich brach die Panik aus. Ich schaute nach oben und sah nur weitere Treppen, genauso wie nach unten. Es schien kein Ende zu nehmen, egal in welche Richtung ich blickte. Ich zwang mich selbst, Ruhe zu bewahren, setzte mich auf eine Stufe und atmete tief durch. Immer wieder sagte ich mir selbst »Komm schon, reiß dich zusammen«, doch eine innere Stimme drängte mich zur Flucht. Ich sprang auf, rannte die Treppen hinunter, wobei mich ein Blackout Teile der Strecke wie im Tunnelblick erleben ließ. Endlich erreichte ich die unterste Etage und hoffte inständig die Tür dort öffnen zu können. In dem Moment als ich sie öffnen wollte, wurde die Tür von der anderen Seite geöffnet und mir gegenüber stand ein junger, rotbejackter Mann mit einer Turnbeutel-artigen Figur. Ich blieb wie erstarrt stehen und der Herr fragte mich, was ich hier zu suchen hätte. »Wie komme ich hier raus?!«, schrie ich ihn an und packte ihn am Kragen seines Lederimitats. Er stand da wie erstarrt und zeigte ängstlich mit dem Daumen in den Raum hinter sich. Es war eine Art Lager eines großen Textilgeschäfts. Er ermahnte mich noch, dass ich keinen Zutritt hätte, aber ich drängte mich an ihm vorbei und rief so etwas wie »kennzeichnet halt die scheiß Ausgänge richtig!« Ich lief durch das Lager bis in das Ladengeschäft und von dort hinaus zum Eingang des Parkhauses. Entmutigt ging ich zu Fuß die für die Fahrzeuge vorgesehenen Wege wieder hinein, stieg in mein Auto und fuhr nach Hause. Dieses Erlebnis kostete mich 2,50€ und sehr viele Nerven, und es sollte nicht das letzte dieser Art gewesen sein…

2. Kapitel – Gegenmaßnahmen
Schrei ihn an!

Sage dem Dämon klipp und klar, dass er aufhören soll - genau das ist schließlich dein Wunsch. Teile ihm mit, dass du jetzt deine Ruhe haben möchtest und keine Lust auf seine Anwesenheit hast. Nenne ihn bei dem Namen, den du für ihn gewählt hast. Ich bleibe stets bei Jochen, dem ich ohne Umschweife sage, dass jetzt nicht der passende Zeitpunkt ist. Jochen ist manchmal wie eine nervende Katze, die miauend nach Aufmerksamkeit sucht, und hier ist Konsequenz gefragt. Ein klares "Nein" kann da nicht ausreichen, also bleib standhaft. Wenn dein ruhiger Tonfall nicht ausreicht, dann schimpfe oder schreie – je nachdem, was die Situation erfordert. Es mag unangenehm sein, wenn dies in der Öffentlichkeit geschieht, aber manchmal ist es einfach notwendig. Eine klare Ansage an deinen Jochen ist immer noch besser, als körperlich zusammenzubrechen oder sich zu übergeben, auch, wenn die Leute dich komisch dafür angucken. Die Angst ist ein mächtiger Gegner, der deinen Körper in vielfältiger Weise beeinflussen kann. Von den bereits erwähnten Magenproblemen über Übelkeit bis hin zu Kreislaufproblemen – oft sind es nicht nur Einbildungen. Doch wenn es so einfach ist, solche Reaktionen hervorzurufen, muss es genauso einfach sein, ihnen entgegenzuwirken. Im Universum existiert stets ein Gleichgewicht zwischen positiven und negativen Energien. Ein kleiner Impuls kann reichen, um dich aus der Bahn zu werfen, aber ein ebenso kleiner Gegenimpuls kann dich auch retten. Vertraue darauf, dass du stärker bist. Kommuniziere mit deiner Angst.

Versuche es freundlich, zum Beispiel so: »Ach Jochen, schön, dass du da bist, aber jetzt passt es nicht. Können wir später sprechen?« Der Schlüssel liegt darin, deiner Angst einen Namen zu geben. Dadurch wird sie greifbar und fast menschlich. Du musst lernen, mit ihr umzugehen, sie zu hinterfragen und ihr Grenzen zu setzen. Mit dem von dir gewählten Namen ist die Angst zu einem Teil von dir geworden, den du gleichwertig behandeln kannst. Du kennst den Gegner und hast ihm einen Namen gegeben- das ist der erste Schritt. Wenn du spürst, dass sie kommt, sagst du, dass du gerade beschäftigt bist. Sag der Angst, dass es dir im Augenblick absolut nicht passt, aber gib ihr die Möglichkeit, euch in einem ruhigen Moment zu unterhalten. Die

Angst wird dir gehorchen, denn du hast sie beim Namen genannt und ihr eine Alternative aufgezeigt. Da du jedoch kompromissbereit bist und einen Gesprächstermin deiner Wahl vorschlägst, sendest du dir selbst ein wichtiges Signal. Du willst die Situation klären und deiner Angst die nötige Aufmerksamkeit schenken, wenn DU dazu bereit bist. Jede Angst hat einen Auslöser, und den willst du finden. Aber das gelingt dir nicht in dem Moment in dem sie zuschlägt.

Du hast die Angst gelernt, und du kannst sie wieder verlernen.

Dabei ist wichtig zu wissen, dass dir nichts passiert. Dein Körper ist durch Reize in den Alarmzustand versetzt worden. Der Steinzeitmensch hat das gebraucht, um sein Überleben zu sichern. Evolutionär gesehen gibt es für unser Gehirn heute allerdings so viele Reize, dass Ängste fälschlicherweise ausgelöst werden können. Dein Bauch ist flau und dein Herz schlägt schnell? Dein Körper ist im Überlebensmodus und pumpt Blut in deine Muskeln, um sie mit Sauerstoff zu versorgen. Er zieht es aus dem Bauch in die Gliedmaßen, um dich auf Kampf oder Flucht einzustellen. Dein Körper will dein Blut in den überlebenswichtigen Bereichen haben, deshalb auch das flaue Gefühl im Magen. Beim Steinzeitmenschen half das, sich mit mehr Kraft zu verteidigen oder schnell und weit weglaufen zu können, aber das brauchen wir heute in den seltensten Fällen. Nutze also die Energie und bewege dich. Eine Panikattacke still auszusitzen macht wenig Sinn, wenn du gerade in der Öffentlichkeit unterwegs bist. Laufe und spüre dabei deine Muskeln, mach Liegestütze oder Crunches. Benutze die Treppe anstatt des Fahrstuhls. Leite die Energie aus deinem Kopf in deine Gliedmaßen.

Schenke dir und deiner Umwelt ein Lächeln, auch wenn es schwerfällt. Wenn möglich, schaue dabei in einen Spiegel.

Dein Lächeln ist eine deiner stärksten Waffen. Zeige deiner Angst deine positive Energie. Sage zu Jochen: »Hey alter Freund, schau, wie gut es mir geht. Lass mich bitte in Ruhe. Wir sprechen später, okay?«

Behandle deine Angst wie einen ebenbürtigen Partner. Sage ruhig und deutlich: »Jochen, jetzt nicht!« Es ist egal, wie umstehende Leute reagieren könnten, denn es geht um dich und deine Bedürfnisse. Menschen sehen ständig seltsame Dinge – dein kleines Gespräch mit Jochen wird nicht so sehr auffallen.

Überlege mal selbst: Wann hast du das letzte Mal in der Bahn jemanden gesehen, der Selbstgespräche führt? Und wenn du es weißt: Worum ging es und wie sah die Person aus? Du wirst dich kaum erinnern, und genau so werden dich die Menschen vergessen, die dich mit deinem imaginären Jochen haben reden sehen. Egal- würde der verhasste Schlagerstar sagen. Reagiere als erstes auf dich und deine Situation, von Jochen kannst du später noch erzählen. Selbst in besonderen Situationen, wie einer Hochzeit oder einem wichtigen Meeting, ist es wichtig, auf deine Bedürfnisse zu achten. Wenn du dich zurückziehen musst, ist das völlig in Ordnung und dein gutes Recht als freier Mensch. Und wenn du den Pfarrer auf der Hochzeit deines besten Freundes mit den Worten »Nein, jetzt nicht Jochen!« unterbrichst, kannst du es noch immer entschuldigen, indem du sagst, »Entschuldigt, mein innerer Jochen stresst mich gerade, bitte machen Sie weiter«.

Vielleicht bist du jemandem eine Erklärung schuldig, aber du schuldest dir auch selbst dein eigenes Wohlbefinden, vergiss das nicht. Lass sie starren, lass sie lachen, lass sie lästern. Du hast etwas im Griff, was viele nicht verstehen werden.

Deine Energie folgt immer deinem Fokus, also stelle sicher, dass du positiv denkst.

Wenn du sagst, dass es dir leidtut und du mal kurz die Toilette aufsuchen musst, ist das in Ordnung. Es ist dein menschliches Recht und ein guter Schachzug, denn manchmal muss man sich einer Situation entziehen. Wenn mir im Bett die Panik kommt, stehe ich auf, gehe ins Wohnzimmer und schaue dort aus dem Fenster, was die Nacht so treibt. So habe ich mich der Situation entzogen und gleichzeitig genug Zeit, die Angelegenheit mit Jochen zu klären. Ich sage ihm, dass ich es blöd von ihm finde, mich beim Schlafen zu stören, und dass das noch Konsequenzen haben wird, denn ich bin hier König, niemand sonst. Ich räume ihm ein, mir eine Frage zu stellen, wobei ich ganz genau zuhöre. Die Frage ist: Was beschäftigt mich so sehr? Habe ich Angst, meinen Job zu verlieren? Keinen Partner zu finden? Krank zu werden? Was auch immer die Frage ist, die dich in deinem Innersten quält, du wirst dich um eine Antwort bemühen, aber wenn es für dich passt, denn du allein bestimmst den Lauf der Dinge.

Komm zur Ruhe, entspanne dein Gesicht und

sage deinem Freund, dass du gerade glücklich bist. Du hast absolut keinen Grund dir Sorgen zu machen, denn du bist dein bestes Ich. Klingt schwierig? Dann solltest du etwas wissen:

Spüre mit den Fingern deine Haut am Arm. Das Gefühl wird dir nicht fremd sein, du bist nun mal ein lebender Organismus. Dein Körper besteht aus Haut, Haaren, Knochen, Blut, Wasser und Organen. Betrachtet man einzelne Regionen davon unter einem Mikroskop, wird schnell klar, dass wir aus kleinen Teilchen bestehen. Unsere Haut mag fest wirken, aber im Grunde sind es nur gestapelte Atome aus Wasserstoff, Sauerstoff, Kohlenstoff und Stickstoff. Das Gehirn ist wie ein kompliziertes Netzwerk aus Nervenzellen, das Informationen verarbeitet und speichert. Man kann es mit den Verbindungen zwischen den kleinsten Teilchen im Weltall vergleichen, denn die sorgen dafür, dass Galaxien, Sterne und Planeten entstehen. Auf ähnliche Weise entstehen im Gehirn komplexe Gedanken, Gefühle und das Bewusstsein. Alle Atome im Universum haben den gleichen Aufbau, und ohne jetzt zu tief in die Quantenphysik zu rutschen, sage ich ganz vereinfacht: Alles im Universum besteht aus den gleichen Bauteilen.

Wenn alles aus den gleichen Bauteilen besteht, ist auch alles gleich beeinflussbar.

Wir wissen, dass das Gefühl von Trauer uns weinen lässt – es löst Tränen aus. Ein Gedanke bedingt ein Gefühl und das produziert Wasser. Genauso wissen wir, dass Aufregung uns schwitzen oder zittern lässt. Wir haben also den Beweis, dass reine Gedankenkraft etwas Physikalisches auslösen kann. Du liest dieses Buch, weil dein Gehirn dich gelegentlich in Angstzustände versetzt, die deinen Herzschlag beschleunigen und deinen Körper beeinflussen können.

Merkst du, worauf ich hinaus möchte?

Wenn unser Gehirn in der Lage ist, eine negative Gefühlslage zu kreieren, dann schafft es auch das Gegenteil, und das machen wir uns zu Nutze.

Ein guter Trick ist, Freude in seinem Bauch zu spüren.

Du kennst das Gefühl, dieses kleine Kribbeln im Bauch, wenn du positiv aufgeregt bist. Du spürst es dort, wo die Rippen zusammentreffen. Diesen Punkt nennt man Sonnengeflecht, oder in der Fachsprache Solarplexus. Das machen wir uns nun zunutze.

Erinnere dich an das schönste Gefühl, das du je

hattest: der erste Kuss mit deiner großen Liebe, ein Geschenk wie ein Auto zum 18. Geburtstag, ein besonderer Moment, in dem du Applaus von einem großen Publikum bekommen hast… Versuche, dieses kleine Kribbeln im Bauch zu spüren, wie das Gefühl, als würdest du in einer Achterbahn sitzen. Lass es bewusst aufkommen und nutze dein Körpergedächtnis, um es abzuspeichern. Trainiere es mehrmals täglich, indem du diesen Moment abrufst und mit voller Kraft Freude erzeugst. Spüre das wohltuende Kribbeln und merke dir das Gefühl. Erzeuge es, wenn du im Supermarkt etwas Leckeres kaufst, dein Lieblingslied hörst oder irgendetwas Alltägliches tust, das dir Freude bereitet. Lerne, dieses Gefühl bewusst hervorzurufen und in deinen Alltag zu integrieren.

Sieh dir Bilder deines Traumreiseziels an, lächle und spüre das Kribbeln bei dem Gedanken, dass du eines Tages dorthin reisen wirst. Diese Fähigkeit zu entwickeln, wird dir Spaß machen und bringt mehr Lebensfreude und Positivität in dein Leben.

Wenn du Sorgen hast, versuche, darin etwas Gutes zu sehen und lass es kribbeln. Hast du Angst in öffentlichen Verkehrsmitteln, weil du unter vielen Menschen bist? Vielleicht kommt es ja zu einer netten Begegnung, also lass es kribbeln! Freu dich darauf!

Keine Lust auf die Party am Freitagabend? Zieh dein neues Lieblingsoutfit an und verzaubere die Gäste mit deinem Charme. Lass es kribbeln!

Es ist immer eine Frage der Perspektive, denn selbst, wenn eine Situation im ersten Moment schlecht aussieht, hast du die Kraft, etwas Schönes darin zu finden. Vielleicht hast du schon mal vom Gesetz der Anziehung gehört? Positives zieht Positives an, und Negatives zieht Negatives an. Energie folgt der Aufmerksamkeit. Richte deinen Fokus auf positive Dinge, und positive Dinge werden dir begegnen.

Das kleine Kribbeln im Bauch hilft dir, deinen Alltag positiver zu erleben und das Gute intensiver wahrzunehmen. Vermeide die Abwärtsspirale des Negativdenkens, denn Gedanken wie »das war ja klar«, »das passiert auch nur mir«, »alles ist doof« oder »das wird eh nichts« ziehen dich nur weiter runter. Positive Gedanken, verbunden mit einer kleinen körperlichen Reaktion (dem Kribbeln), geben dir mentalen Auftrieb.

Eine positive Ausstrahlung, ein Lächeln oder einfach eine freundliche Energie öffnen dir sämtliche Türen. Nicht nur dein Umfeld wird positiver auf dich reagieren, sondern deine gute Stimmung verringert auch negative Einflüsse, und diese sind oft die Auslöser für deine Ängste. Mit einer positiven Grundeinstellung nehmen wir unseren Ängsten den Nährboden und lassen sie wie Unkraut verdorren.

Auch wenn es nicht immer leicht ist, kannst du selbst den schweren Momenten ein Lächeln schenken.

Atme tief ein und lasse mit der Ausatmung Ruhe einkehren. Schalte dein Gehirn auf aktiv und nutze die Achtsamkeit – du brauchst Gelassenheit und Contenance.

Die Dinge, die du dir einbildest, die dich stressen, sind ein reines Produkt deiner Sichtweise. Natürlich kann dir dein Chef Überstunden aufhalsen, ein Verkehrsteilnehmer die Vorfahrt nehmen oder sonst was – die Dinge stehen immer nur vor dir. Lass sie nicht in dich hinein.

Selbst die kleinsten negativ-behafteten Ereignisse haben etwas Positives zur Folge. Stelle es dir vor wie eine Wippe: Auf der einen Seite liegt ein Säckchen mit Ballast, wodurch sich die andere Seite erhebt. Das heißt, wenn eine Kraft negativ wirkt, hebt sie gleichzeitig etwas an – so wie die Gravitation: Sie zieht uns zwar nach unten, schenkt uns aber dafür das Leben, denn sie stabilisiert unsere Atmosphäre, die es uns ermöglicht zu atmen.

Die vermeintlichen Probleme stehen immer nur vor dir. Wie nah du sie an dich ranlässt, entscheidest du.

Gib deinem Leben das Lächeln, das es verdient – und lass es kribbeln!

3. Kapitel
Du bist das Beste in deiner Welt!

Und da führt kein Weg dran vorbei, denn du musst dir eingestehen, dass du es wert bist, dich gut zu fühlen.

Du bist die alleinige Herrscherin oder der alleinige Herrscher über deinen Körper, deinen Willen, deine Gefühle und deine Gedanken. Nichts und niemand kann dir da Vorschriften machen, noch nicht einmal Jochen. Am Ende hast immer du das letzte Wort und die alleinige Entscheidungsgewalt. Du möchtest jetzt keine Panik haben und dich unwohl fühlen? Dann lass es. Sag deinem Jochen, dass das jetzt nicht in dein Leben passt. Denke an Ziele, die du noch hast, an Vergangenes, das dir Freude bereitet hat. Sag deinem Bewusstsein, dass egal was kommt, du trotzdem du selbst bist - der Meister deines Körpers, der Gebieter über deine Gedanken, der König deiner Gefühle.

Leider neigen wir Menschen oft dazu, uns selbst schlecht zu reden, was häufig daran liegt, dass uns ein verzerrtes Weltbild vorgelebt wird, mit dem wir nicht in Einklang stehen. Sei es im Fernsehen, den sozialen Medien, im Internet oder durch

Mitmenschen, insgeheim vergleichen wir uns ständig und sehen dabei ein verschobenes Ideal. Ob es nun ein Fußballspieler, ein Topmodel, ein Superstar oder Brigitte von Nebenan ist, jeder Mensch wird irgendetwas an sich haben, dem wir nacheifern. Wie erfolgreich wir selbst sind, wie viel Geld wir besitzen oder wie toll wir aussehen – letztlich sind wir trotzdem nie wirklich zufrieden. Der Mensch reflektiert ständig unterbewusst und vergleicht sich, wobei er immer etwas entdeckt, das erstrebenswert erscheint. Das ist ein ganz natürlicher Teil unseres Bewusstseins und damit unserer Spezies. Unsere Entwicklung beruht darauf, dass wir bei anderen beobachten konnten, wie etwas noch besser geht. Der Mensch ist wie ein lernender Computer, der nur richtig funktioniert, wenn er Herausforderungen hat. Doch das führt zu einem Teufelskreis, denn die Diskrepanz zwischen dem, was wir sind, und dem, was wir gern wären, ist die Differenz zwischen unserem realen und idealen Selbstkonzept. Das Selbstbild, also das Wie ich bin, und das Idealbild, also Wie ich gerne wäre werden noch verfolgt von dem normativen Selbst, also das Wie ich sein muss. Letzteres ist der Trugschluss, den die Erziehung und unser Umfeld uns einreden. Niemand hat das Recht uns vorzuschreiben, wie wir sein müssen oder zu sein haben. Niemand hat das Recht dazu, auch nicht Jochen. Es gibt im Leben vieles, das es wert ist, zu erreichen, aber niemand zwingt uns dazu.

Egal. Wenn du dir sagst, du hast locker fünf Kilo mehr auf den Rippen als die Steffi aus deinem Freundeskreis, die so toll aussieht, dann ist das erstmal so. Du hast es heute nicht geschafft, ein bisschen Sport zu machen oder etwas Kalorienarmes zu kochen? Dann ist das eben so - morgen ist auch noch ein Tag. Was denkst du, was diese besagte Steffi in Wahrheit über dich denkt? Ist sie vielleicht neidisch auf deinen Job, in dem du so glücklich bist und so gut verdienst, dass du drei Mal im Jahr in den Urlaub fliegen kannst? Vielleicht ist dein Job gar nicht so toll, dafür aber dein Partner, und auf eure harmonische Beziehung sind viele neidisch. Du bist Single? Super, dann genieße das Leben und die Freiheit - mache was du willst, ohne jemandem Rechenschaft schuldig zu sein, denn ganz ehrlich: das fehlt einigen Menschen, die in einer Beziehung sind. Der nächste (und vielleicht letzte) Partner wird kommen, alles zur rechten Zeit. Und selbst wenn du alles hast und es dir an nichts mangelt,

frage dich, was du Gutes tun kannst. Es ist ein unbeschreibliches Gefühl, der Welt etwas zurück zu
geben. Spende an die Krebshilfe, rufe jemanden aus
der Familie an, lächle die freundliche Kassiererin
an und wünsche ihr einen schönen wohlverdienten
Feierabend, beiß dir auf die Zunge, wenn dich auf
der Straße ein anderer Verkehrsteilnehmer ärgert.
Gib dem Schein deines Wesens die Chance, nach
außen zu strahlen. Es muss kein Kraftakt und keine
Heldentat sein, etwas Kleines reicht schon.

Eines Nachmittags stand ich im Supermarkt an
der Kasse, hinter mir eine lange Schlange. Ich
räumte meine Lebensmittel aufs Band, darunter
war eine Zehnerpackung Milchschnitte. Plötzlich
hörte ich eine junge Frau hinter mir, die ihren (ich
schätze mal) Freund auf Englisch fragte, ob er
Milchschnitte kennen würde, was er verneinte. Sie
schwärmte kurz davon und versicherte ihm, beim
nächsten Einkauf würden sie die auch kaufen, damit er das mal probieren kann. In der Zwischenzeit
habe ich meine Einkäufe bezahlt, öffnete die Pa-
ckung Milchschnitte und gab dem netten Herrn eine
ab. Ich sagte ihm, jede Minute länger warten wäre
eine Minute weniger in seinem Leben, in der er

etwas verpassen würde. Die beiden lachten und bedankten sich, als ob ich ihnen ein Auto geschenkt hätte. Die Kassiererin und alle Kunden, die das mitbekommen haben, schenkten mir so viel Positivität, dass ich wie eine aufgeladene Batterie nach Hause schoss.

Die Diskrepanz hierbei war die Milchschnitte, die die beiden nicht hatten. Mir hat vielleicht in dem Moment auch etwas gefehlt, aber es war egal, denn ich konnte mit der Milchschnitte etwas Gutes tun und wurde dafür reich belohnt. Plötzlich waren alle in unmittelbarer Umgebung glücklich und gut gelaunt. Und warum? Weil Diskrepanzen erkannt und ausgesprochen wurden, was zu einer Reaktion führte. Selbst wenn ich keine Milchschnitten gehabt hätte, die beiden aber trotzdem davon gesprochen hätten, wäre alles gut gegangen, denn sie hätten jede Gelegenheit dazu gehabt, sich sofort oder später Milchschnitten zu besorgen.

Was sagt uns das?

Jochen nörgelt oder stellt Ansprüche, aber davon müssen wir uns nicht leiten lassen. Wir müssen das auch nicht zu unserem Problem machen, und selbst wenn wir doch darüber nachdenken - oft reichen die ganz kleinen Dinge aus, um viel Schönes zu bewirken.

Wenn wir uns ein krassere Beispiel nehmen, das vielleicht den Beruf betrifft, ist das auch nicht groß anders, denn Glück ist skalierbar. Du bist sehr unzufrieden in deinem Job und der Gedanke an Montag macht dir Bauchschmerzen? Egal. Was kann dir schlimmstenfalls passieren? Du bleibst zuhause und wirst entlassen. Und dann? Dann suchst du dir eine bessere Arbeit, denn du bist dir einfach selbst viel zu viel wert, als dass du so unglücklich leben musst. Lieber gestern als morgen. Es geht immer irgendwie weiter, und wie man so schön sagt: Wenn sich eine Tür schließt, öffnet sich eine neue. Das trifft auf alle Verhältnisse zu, egal ob Beziehung, Arbeit, Freundschaften oder sonst was. Der Mensch hat im Grunde keine Verpflichtungen, außer zu atmen. Natürlich bedienen viele dieser Verpflichtungen unsere Bedürfnisse, weswegen wir sie ja auch aufrechterhalten, aber hast du schonmal darüber nachgedacht, was du in deinem Leben ausmerzen könntest? Das Abo für den Fitnessclub, zu dem du nie gehst vielleicht? Dann hast du eben fünf Kilo mehr als Steffi, aber dafür weniger Druck. Man wird sich vielleicht neidvoll fragen, wie du nur so glücklich sein kannst. Wenn du erstmal erkannt hast, dass dein Glück, deine Zufriedenheit, an erster Stelle stehen sollten, hast du deinem Jochen schon viel Nährboden entzogen.

Geh eine stärkere Verpflichtung gegenüber dir selbst ein und stell dich in den Mittelpunkt, denn du bist das Zentrum deines Lebens. Die Welt dreht sich vielleicht nicht nur um dich, aber die Sonne tut es und das gesamte Universum bewegt sich um dich herum. Nur wenn es dir wirklich gut geht, kann es auch deiner Umgebung gut gehen, denn ein gesunder Geist strahlt Wärme aus, die Menschen, Tiere, Pflanzen und die ganze Umwelt erreicht. Wenn dich dein Beruf belastet, setze dich in Ruhe hin und überlege dir etwas Neues, denn nichts macht dich mehr kaputt als aufzugeben und nichts zu tun. Wenn dich deine Beziehung belastet, lege die Karten auf den Tisch und rede ehrlich darüber. Sage, was dich stört und was du dir wünschst, so wie du es mit Jochen machen würdest. Jeder verschenkte Tag ist ein Verlust, der dich nur noch trauriger macht. Du musst dein Leben nutzen, jeden Tag und jeden Moment. Es ist egal, ob du finanziell am Ende bist, denn Geld ist nur ein Mittel zum Zweck - es kommt und geht. Am Ende ist es gar nicht so wichtig, wie du vielleicht denkst. Eine alte

Weisheit besagt, dass nichts so heiß gegessen wird, wie es gekocht wird, und wenn du tief in dich hineinhorchst, wirst du merken, dass da etwas Wahres dran ist. Selbst wenn deine Gesundheit am seidenen Faden hängt – nutze das Leben. Wo liegt der Unterschied zwischen jemandem, der sein Leben damit vergeudet hat, stets unzufrieden zu sein, ohne je etwas zu ändern, und jemandem, der wegen einer Krankheit nur noch ein Jahr zu leben hat, dieses Jahr jedoch intensiver erlebt als derjenige, dem sein Leben immer egal war? Wir alle haben ein Verfallsdatum, das uns unbekannt ist – und genau das ist der Grund, warum wir uns selbst in den Mittelpunkt stellen sollten. Das Leben ist zu kurz, um unglücklich zu sein oder sich mit Kompromissen zufriedenzugeben. Das Leben ist ein Geschenk, das aus Milliarden von Spermien nur einigen wenigen zuteil wird.

So eine Angst kommt nicht selten allein, denn oft liegt ihr eine Depression zugrunde. Das ist kein Spaß oder etwas, das ich hier aufarbeiten kann oder möchte, aber es ist ein grundliegender Faktor, den es zu berücksichtigen gilt. Der Teufelskreis aus Sorgen, Ohnmacht, Panik und Kummer ist ein wirres Konstrukt, das unserem Gehirn den Nährboden für die Angst liefert. Deshalb ist man gut beraten, sich professionelle Hilfe zu suchen, um die Ursachen für die Angst aufzuarbeiten. Mir hat eine Gesprächstherapie geholfen, die ich einmal die Woche online per Webcam hatte. Einfach mal beim Hausarzt oder der Krankenkasse nachfragen, da gibt es super Möglichkeiten und wirklich kurze Wege (Erst- oder Notfallgespräche werden immer angeboten, du wirst also gleich Hilfe bekommen, wenn der Schuh mal richtig drückt).

Sieh dich im Spiegel an, und gewähre dir Liebe.

Es ist völlig egal, ob du aussiehst wie Jessica Alba, Brad Pitt oder ein Turnbeutel, denn die wahre Schönheit ist nicht sichtbar, man kann sie nur fühlen.

Selbstsicherheit und Selbstliebe schaffen ein warmes Vertrauen, das weit ausstrahlt, und das ist nachweisbar. Bei der nächsten Gelegenheit, in der du einen lieblosen Menschen siehst, sei es in der Bahn, auf der Arbeit oder im Supermarkt - schenke ihm einfach mal ein herzliches Lächeln. Auch wenn dich die Person anschaut, als wärst du verrückt, wird sie sich doch im Inneren freuen und die Energie spüren, die du ihr damit schenkst.

Natürlich empfinden es viele Menschen als irre,

wenn plötzlich einer lächelt, und genau aus diesem Grund sollte man es tun. Wenn es zu unserer Normalität gehört, den Alltag trist und grau wirken zu lassen, auf Kommunikation und Freundlichkeit zu verzichten, Höflichkeit auf ein Minimum zu reduzieren und andere Menschen so gut es geht zu ignorieren, dann sind wir in einer Frostgesellschaft angekommen und dazu verpflichtet, die Heizung aufzudrehen. Es muss niemanden wundern, wenn jeder vierte Bürger ab zehn Jahren schon mal mit Angstzuständen konfrontiert wurde, wenn uns die Masse lehrt, dass es normal ist, auf andere abschätzig zu reagieren. Wir sind keine autarke Einzelkämpfer-Spezies, wir brauchen die Nähe der anderen Menschen und soziale Interaktionen. Dabei sollte man auch überdenken, wen man in seinem sozialen Umfeld hat und wer vielleicht nicht mehr ganz hineinpasst. Zu viele Menschen geben sich mit psychischen Vampiren ab, weil sie es einfach nicht merken. Man sollte sich von allem seelischen Ballast befreien, denn nur so erlangt man seine Freiheit. Im Leben ist kein Platz um sich unterzuordnen oder energetisch aussaugen zu lassen.

Du bist ein schöner Mensch und hast alles Glück verdient, das dir zuteil werden kann, vergiss das nicht. Du bist das Wertvollste in deiner Welt und kannst anderen so viel mehr geben, wenn du glücklich bist. Wenn du selbst erstrahlst, hat auch die Angst keinen Nährboden mehr, denn sie zehrt von deinen negativen Gefühlen.

Wiederhole laut:

Ich bin ein Geschenk des Universums, ich bin wunderschön so wie ich bin und ich bin dankbar für mein tolles Leben, in dem ich alles machen kann, was ich mir wünsche.

Schreibe diesen Satz (oder einen anderen, Hauptsache er gefällt dir und passt zu dir) auf einen Zettel und verinnerliche die Worte. Das ist ab sofort dein Mantra, das du dir bei jedem negativen Gedanken sagen wirst. Denke währenddessen daran zu lächeln, und dir kann nichts Negatives widerfahren.

Es mag vielleicht anfangs komisch wirken, aber du wirst sehr schnell Erfolge sehen.

Bläue es dir bei jeder sich bietenden Gelegenheit ein, als ob du es in dein Herz meißeln würdest - denn dort soll es auf ewig stehen.

4. Kapitel
Dialog mit Jochen

Einmal stand ich an der Supermarktkasse und spürte, wie ein merkwürdiger Druck in mir aufstieg. Die Leute schienen ewig zum Bezahlen zu brauchen, und die Schlange wurde nicht kürzer. Ich sah mich um und fühlte mich gefangen, es ging weder vor noch zurück. Eigentlich hatte ich meine Panik recht gut im Griff, aber jetzt war sie wieder da, und das mitten am Tag, inmitten von dutzenden Menschen. Es gab keinen Ausweg, und es fühlte sich an, als würden mich alle anstarren. Meine Hände wurden kalt und feucht, mein Herz pochte wie ein Presslufthammer. Nervös suchte ich nach einem Fluchtweg, einem Ort, wo mich niemand sehen würde, oder wenigstens raus an die frische Luft.

Dann sagte ich mir leise, aber bestimmt: »Jochen, jetzt ist Schluss!« Ich bin mir sicher, dass das ein paar Leute gehört haben, aber das war mir in dem Moment egal. Nach und nach beruhigte sich mein Herzschlag, und das beklemmende Gefühl verflog, sodass ich ganz normal meinen Einkauf bezahlen konnte. Ich verließ den Laden über die

Tiefgarage und setzte mich ins Auto. Einen Moment hielt ich inne, dann schrie ich auf und schlug aufs Lenkrad, ließ eine Menge Flüche los und bombardierte Jochen mit Vorwürfen. Warum ausgerechnet jetzt, mitten im Supermarkt? Als ich mich beruhigt hatte, drehte ich den Spiegel so, dass ich mich sehen konnte. Niedergeschlagen und enttäuscht von mir selbst zwang ich mir ein Lächeln ab und sprach mein Mantra ins Spiegelbild. Ich bin klug, gesund, attraktiv und wertvoll, danke liebes Universum, dass ich auf der Welt sein darf - aber ich glaubte mir selbst nicht.

Das Unterbewusstsein glaubt dir nicht, wenn du es nicht ernst meinst.

Ich startete den Motor und aus dem Autoradio drang harte Metal-Musik, was mich ablenkte. Zuhause angekommen kochte ich mir einen Tee, setzte mich auf die Couch und suchte nochmal das Gespräch.

»Jochen, mal im Ernst: Was sollte das? Ich dachte wir waren uns einig?« Ich hielt inne, als ob gleich von irgendwo eine Antwort kommen würde. Aber es kam keine, so redete ich weiter.

»Pass auf Kumpel, ich erkläre es dir ein letztes Mal: Wenn du was von mir willst, dann gib mir ein

kleines Zeichen und wir reden in aller Ruhe darüber. Aber erst, wenn ich das will! Ich gebe hier den
Ton an und du wirst gehorchen. Mit deiner Holz-
hammer-Methode kommst du nicht weiter. Du
weißt ganz genau, dass wir unsere Konflikte nur lösen, wenn ich auch dazu bereit bin. Also, was
gibt's?«

Ich trank einen Schluck Tee und ging in mich.
Ich versuchte herauszufinden, was mich belasten
könnte. Ganz ehrlich, ein paar Dinge waren und
sind schon immer obligatorisch, denn irgendwas
macht einem ja immer Sorgen. Ich ging gedanklich
alle Gespräche und Kontakte der letzten Tage
durch, ob da irgendjemand etwas zu mir gesagt haben könnte, was mich aufwühlte, doch ich fand
nichts. Der Tee war ausgetrunken und ich verstaute
die Einkäufe, als Jochen endlich antwortete - es war
wegen meiner Mutter. Bam!

Ich hatte am Vortag mit ihr telefoniert als sie mir
sagte, dass es ihr seit einigen Tagen sehr schlecht
gehe, sie kaum aß und nur liegen konnte. Selbst der
Arzt, der sie daheim besuchte und ihr Blut abnahm,
hatte nichts finden können. Im ersten Moment tat
ich das ab und dachte an einen kleinen grippalen
Infekt, aber tief in mir drin wusste ich, dass auch

sie einen Dämon hat - und das habe ich auf mich selbst projiziert. Der Supermarkt war dann der Trigger, da meine Mum viele Jahre selbst in einem Supermarkt dieser Kette gearbeitet hat. Mein Verstand hat unterschwellig eine Verknüpfung hergestellt, und an der Kasse, wo ich sie noch vor meinem geistigen Auge sitzen sehe, kam dann der Angriff. Jochen wollte mir sagen, dass ich mich vorsehen soll, weil Mama auch seelisch leidet. Es passierte im Supermarkt an der Kasse, weil da mein Unterbewusstsein aktiv wurde.

Ich bedankte mich bei Jochen und versicherte ihm, dass es mir gut ging. Ich ermahnte ihn abermals, dass er seine penetrante Art lassen soll, denn offensichtlich kann man auch in Ruhe darüber reden und eine Lösung finden. Ich rief meine Mama an und fragte sie, ob sie etwas belastet. Nachdem sie etwas herumdruckste, vertraute sie mir ihre Sorgen schließlich an und wir redeten darüber. Ihr tat es sehr gut, ihre Sorgen mal auszusprechen und ich war froh, dass wir geredet haben. Nach dem Telefonat lief ich zum Spiegel, lächelte breit und sprach mein Mantra - diesmal glaubte ich mir jedes Wort. Dabei hatte ich ein unbeschreibliches Gefühl, als ob ich gerade einen Großbrand gelöscht hätte.

Ich nahm mir die Zeit und setzte mich noch einmal hin, um mit Jochen zu reden. Ich machte ihm klar, dass es zwar normal ist, sich Sorgen zu machen, aber dass ich nicht zwangsläufig Probleme anderer auf mich projizieren musste. Im Klartext heißt das: Wenn jemand mit einem Problem zu dir kommt, lass es nicht an dich heran. Du kannst zuhören und Hilfestellung leisten, so weit es in deiner Macht steht, aber es erwartet niemand dir ein Stück der Last aufzuhalsen. Wenn dir jemand erzählt, dass er eine Autopanne hatte, dann bedeutet das nicht, dass du Angst vor einer Autopanne haben musst. Erzählt dir jemand, dass er einen Wasserschaden zuhause hatte, dann ist das nicht dein Wasserschaden. Halte Jochen an der kurzen Leine, dann findet er weniger Probleme. Das Prinzip ist das Gleiche wie mit dem Selbstbild, nur dass du keinem Ideal nacheiferst, sondern einem Worst-Case (dem schlimmsten Fall). »Das könnte mir auch passieren«. Nein, das ist unwahrscheinlich.

Jochen kann ein wirklich guter Zuhörer sein, wenn du ihn lässt, aber du musst ihn auch ausreden lassen. Geh tief in dich hinein und höre, was er zu sagen hat, denn es betrifft euch beide. Wenn du keine Antwort bekommst, verzweifle nicht. Es gibt

eine spannende Methode, sein Unterbewusstsein zu aktivieren. Schalte den Fernseher ein und höre auf die ersten Sätze, die Gesprochen werden, ohne den Sender zu wechseln. Nimm dir ein Buch, das dir ins Auge sticht und schlage eine beliebige Seite auf und lies sie. Das geht auch mit einer Zeitung. Schalte das Radio ein und lausche auf das Gesprochene oder den Songtext, ohne den Sender zu wechseln. Ich wette, du wirst auf den richtigen Weg gebracht. Es wird ein Wort fallen, das dich wie von Zauberhand an etwas erinnert, das dich beschäftigt. Im Fernsehen könnten zum Beispiel Bilder zu sehen sein, die dich auf etwas bringen. Auf der aufgeschlagenen Buchseite wird irgendwo ein Hinweis auf deine Sorgen sein. Vielleicht steht dort das Wort Buchhaltung, Blutwerte, Reiserücktrittsversicherung, Angriffskrieg, Prozessanwalt, Scheidung etc, was dich auf eine Fährte bringt. Vielleicht liest du auch in der Zeitung etwas wie Urlaubsreif, Umschulden leicht gemacht oder du liest eine Kontaktanzeige oder eine Stellenausschreibung. Du wirst definitiv auf etwas stoßen, das dir die Richtung zeigt, und dann kannst du Jochen zur Rede stellen. Überlege dir gezielt Fragen, mit denen du ihn konfrontieren willst. Nimm Abstand von Klagen oder

Vorwürfen, immerhin wollt ihr ein Problem lösen. Formuliere immer wohlwollend: »Hey Jochen, schön dass du dir Zeit nimmst, ich möchte mit dir gerne etwas bereden.«

Du kannst ihm gerne Fragen stellen, wenn du die Antworten annehmen kannst, aber sei sicher, dass eure Konversation immer damit endet, dass du ihm eine Ansage machst. Ihr sollt nicht in Rätseln auseinandergehen, denn schon Shakespeare sagte; Einfältiger, lieber Sohn! Nicht Silben fein gestochen. Wer Rätsel beichtet, wird in Rätseln losgesprochen. Euer Gespräch sollte mit den Worten enden: »Gut, lieber Jochen, ich danke dir für das Gespräch. In Zukunft beherzigst du meine Wünsche bitte, so, wie ich es dir gerade gesagt habe. Vielen Dank.«

Ihr müsst eine Ebene haben, auf der du den Ton angibst, denn nur du hast das letzte Wort.

Ein wichtiger Punkt dabei ist das Selbstvertrauen. Mir ist klar, dass das bei vielen Menschen in Trümmern liegt, vor allem, wenn man sich mit Ängsten rumplagen muss. Ich erinnere noch einmal an das Lächeln im Bus. Versuche das doch mal und schaue, was sich bei dir ändert. Oder die Milchschnitte an der Kasse, denn es genügen schon kleine Dinge, um dir ein gutes Gefühl zu geben. Und wenn dir das zu viel ist, dann mach deinem Jochen doch einfach mal eine gehörige Ansage. Falte ihn mal richtig zusammen, und du wirst sehen, dass es dir gut tut. Lass einfach mal Dampf ab und weise ihn in die Schranken. Du hast die Oberhand - du bist der Boss. Mit diesem ersten Impuls kannst du arbeiten, denn du weißt jetzt, dass du etwas steuern kannst. Jemand Fremdes anlächeln könnte dir ein Lächeln zurück verschaffen und du weißt, dass du die Situation verursacht hast. Du hast Liebe verursacht, der Wahnsinn, oder? Selbst wenn dein Lächeln mit einem Kopfschütteln oder Augenbrauenrümpfen ignoriert wird, versuche es nochmal und lächle weiter. Dein Lächeln wird ihnen trotzdem das Herz erwärmen, auch wenn sie es nicht direkt zeigen können. Wenn du dich das nicht traust, ist das auch ok, dann versuche es mit der Standpauke für Jochen. Du kannst auf den Tisch hauen und deinen Standpunkt klar machen.

Du kannst das!

Natürlich redest du mit dir selbst, beziehungsweise mit deinem Jochen, aber das ist ja egal.

Du tust es, und es bringt dich weiter.

Ein sehr wichtiger Faktor bei den Gesprächen

mit Jochen (und auch generell) ist die Dankbarkeit. Du weißt bereits, dass du immer wohlwollend formulieren solltest und dabei dennoch deinen Standpunkt klar definierst. Und selbst wenn du mal lauter wirst, solltest du am Ende des Gesprächs immer ein herzliches, ehrlich gemeintes Danke aussprechen. Das ist genauso wichtig wie das Gespräch selbst – stell dir vor, jemand macht dir eine klare Ansage und verschwindet dann einfach. Du wärst vermutlich verärgert, oder? Aber wenn sich jemand nach einer Ansage für dein Verständnis und deine Unterstützung bedankt, fühlt sich die Sache plötzlich ganz anders an. Du fühlst dich wertgeschätzt, gebraucht und wichtig, und das nur durch das kleine Wort Danke. Genauso wird es auch Jochen gehen, denn niemand lässt sich gern bevormunden. Bedanke dich für die Zeit, die ihr euch nehmt, um euer Problem zu besprechen, und bedanke dich auch für das Gespräch, wenn es vorbei ist. Du möchtest ja auch wertgeschätzt werden. Schau in den Spiegel, lächle und bedanke dich bei dir selbst. Schau mal was passiert. Es kribbelt im Bauch? Ein leichtes Gefühl im Solarplexus (da wo die Rippen zusammenkommen). Du signalisierst dir selbst, dass du dir etwas wert bist, und das ist furchtbar wichtig, denn wie willst du mit Jochen umgehen können, wenn du selbst nichts von dir hältst?

Ich weiß zu gut, wie es ist, in den Spiegel zu schauen und sich unwohl zu fühlen, aber schaue auch mal hinter die Fassade. Jeder Mensch hat etwas Besonderes, und das ist schön! Egal ob es deine Stimme, deine Moral, ein Talent, dein Puppengesicht, deine Herzlichkeit, deine Intelligenz oder sonst was ist - schau dich an, erkenne es und sag danke. Danke, dass du so sein darfst wie du bist, danke für das was dich ausmacht. Bedanke dich bei dir selbst und spüre das Lächeln in deinem Bauch - es ist da, ganz bestimmt.

Es ist ratsam, immer mal wieder einen ruhigen Moment zu schaffen, indem du in dich hineinhorchen kannst. Achtsamkeit mit dir selbst - denn andere Menschen fragst du ja auch wie es ihnen geht. Dabei ist es auch wichtig es ernst zu meinen.

Ein »Hi, wie geht's?« ist oft nur eine Floskel, ein einfacher Gesprächseinstieg oder eine Grußformel. Es spricht nichts dagegen, aber wenn du mit deinem Jochen sprechen willst, lass ihn wissen, dass es dir ernst ist. Mit Smalltalk kannst du keinen Krieg gewinnen.

Nimm dir öfter mal Zeit, dich beziehungsweise

Jochen zu fragen, ob alles in Ordnung ist. Frag ihn (oder sie), ob es bei euch etwas Neues gibt.

»Moin Jochen, was gibt's Neues bei uns?«, oder »Jochen, altes Haus, wie geht's dir?«

Damit fängst du an, nach einer Antwort auf deine eigenen Fragen zu suchen, weil du ganz genau weißt, dass Jochen ein Teil von dir ist. Fragst du ihn, so fragst du auch dich selbst, und ihr beide kennt die Antwort. Jochen ist Teil deines Bewusstseins, und wenn ich sage, behandle ihn mit Respekt, dann sollst du dich selbst mit Respekt behandeln. Sei dankbar für das gute Gespräch und bedanke dich bei dir selbst, denn du hast dir den Raum für die Möglichkeit des Gesprächs überhaupt erst geschaffen.

Suche den Dialog und führe ihn offen! Es bringt dir mehr, mit einer imaginären Person zu sprechen (beziehungsweise deinem namentlich benannten Geist), als dir einfach selbst Fragen hineinzuschaufeln und nach Antworten zu graben.

Nimm dir bewusst Zeit, gelegentlich mal nachzufragen, ob alles in Ordnung ist und sprich deinen Jochen (oder wie auch immer du ihn/sie/es genannt hast) an. Sprich den Namen aus und fordere ein Gespräch, das immer damit endet, dass du deinen

Standpunkt klar machst und dich bedankst.

Natürlich kannst du auch bei Durchfall fragen »Jochen, Bro, sag mal, haben wir ein Problem?«, genauso bei Kopfschmerzen oder alles anderem.

Deine Psyche und dein Unterbewusstsein können physische Schmerzen und Unwohlsein verursachen, deshalb höre in dich hinein und suche den Dialog. Ich zum Beispiel habe schon einige Male Bauchschmerzen aus der Welt geschafft, in dem ich meinen Jochen gefragt habe, ob er ein Problem hat. Ich habe das Gespräch erzwungen, aber höflich und gehaltvoll geführt und beendet. Meine Bauchschmerzen sind immer innerhalb weniger Augenblicke verschwunden. Selbst wenn dir ein schier unlösbares Problem auffällt, das Jochen ansprechen wollte, denke daran: Nichts wird so heiß gegessen, wie es gekocht wird. Es gibt kein unlösbar, denn aus allem Negativen lässt sich auch etwas Positives ziehen. Wenn sich eine Tür schließen sollte, dann passiert das nur, um eine neue zu öffnen. Du kannst nie genau wissen, was hätte sein sollen oder was genau richtig war. Das muss auch gar nicht sein. Wichtig ist, dass du dir immer im Klaren darüber bist, wo du stehst.

Das ist genau das Gleiche, wie manche

Menschen ihre Post nicht öffnen, weil sie Angst vor dem Inhalt haben. Du kennst das bestimmt - Ein grauer Brief ist im Briefkasten und du ahnst schon, dass es eine Rechnung ist. Das wirklich Dümmste, was man machen kann, ist, diesen Brief zu ignorieren. Wir wissen alle, dass es das Problem nicht löst, sondern im Gegenteil - der nächste Brief wird noch schlimmer, und er kommt mit Sicherheit. Du ignorierst das Problem und schiebst es auf, und trotzdem weißt du, dass es nicht gelöst ist. Dein Unterbewusstsein wird es zeitnah ausgraben und dir durch Kummer, Angst und Sorgen aufs Tablett bringen. Man kann es auch einfach mit Dankbarkeit sehen, denn dir wird aufgezeigt, was los ist. Jemand war so nett, und hat sich die Mühe gemacht, dich auf einen Missstand hinzuweisen. Etwa Jochen? Schau auf den Absender und öffne den Brief, denn du fährst immer besser, wenn du deinen Status Quo kennst. Genauso ist das mit Jochen. Du kannst versuchen unterbewusst Dinge zu verdrängen, aber das löst sie nicht. Durch Verdrängung verschwinden die Probleme nicht, du verlagerst sie bloß. Aus den Augen, aus dem Sinn? Möglich - aber nicht aus der Welt!

Du wirst dir selbst wirklich dankbar sein, wenn

du deine Probleme annimmst und dich ihnen stellst. Je früher, desto besser, denn anfangs ist die Mühe sie zu lösen oftmals geringer, als am Ende, wenn schon ein Großbrand lodert.

Frage deinen Jochen regelmäßig klar und deutlich und mit allem Respekt, ansonsten überrascht er dich damit, wenn du es am wenigsten gebrauchen kannst, zum Beispiel an der Supermarktkasse.

5. Kapitel
Tu dir was Gutes!

Wir wissen nun, dass Jochen es liebt, wie auf Wolken gebettet zu sein. Ähnlich der Prinzessin auf der Erbse, da auch ihm die kleinsten Unruhen auffallen. Schon Platon, der berühmte Schüler des Sokrates, bemerkte einst, dass ein gesunder Geist einen gesunden Körper fördert. Es gibt so viele einfache Wege, den Geist zu stärken, die man auch wirklich nutzen sollte, denn der Dämon der Angst nährt sich von den dunklen Stimmungen, die in dir schlummern. Beginne damit, dir ein kleines Alltagsritual auszudenken. Für viele ist zum Beispiel das allseits beliebte Feierabendbier so ein Ritual. Natürlich sollte niemand aus Glücksgefühlen dem Alkoholismus verfallen, es geht zum Beispiel auch mit einem kleinen Nachtisch. Tu dir einmal am Tag etwas Gutes und belohne dich, denn du hast es verdient. Ganz gleich wie mies die Stimmung ist, höre deinen Lieblingssong, schaue eine Folge deiner Lieblingsserie, lies in deinem Lieblingsbuch (oder lies generell), gönne dir ein Stück Schokolade oder etwas Süßes, spiele ein paar Minuten ein Instrument oder lass dir ein Bad ein. Nimm dir einmal am Tag eine Auszeit für dich selbst und belohne dich, für das was du bist - Ein toller, wertvoller Mensch.

Manche Tage können anstrengend und frustrierend sein, doch lass nicht zu, dass dein Gemüt dadurch vernebelt wird. Ein typisches Anzeichen dafür ist, dass man sich schnell selbst die Schuld gibt. So ging es mir früher auch. Wann hast du das letzte Mal einen der folgenden Sätze gesagt?

»War ja klar«, »Das musste ja passieren«, »Immer ich«, »Ich hab's gewusst«, »Natürlich ich«…

Wir machen es uns oft zu leicht und drängen uns in die Opferrolle, obwohl das gar nicht nötig ist. Manchmal im Leben entwickelt sich einfach eine Verkettung von Umständen, und man fragt sich, wie das nur wahr sein kann. Das passiert jedem. Der Trick ist, Abstand zu gewinnen und die Situation nicht zu nah an sich heranzulassen. Negative Energie schafft nur noch mehr negative Energie, deshalb ist es ratsam, aus diesem Kreislauf auszubrechen. Dir fällt ein Geschirr auf den Boden und zerspringt in viele Teile? Scherben bringen Glück. Du stößt dir den Zeh an einer Kante? Wach auf, sei ein bisschen wachsamer. Die Miete wurde erhöht? Höchste Zeit, den Vermieter mal auf die veralteten Badarmaturen hinzuweisen (er ist verpflichtet,

Mängel zu beseitigen). Wie man so schön sagt; »Wenn dir das Leben Zitronen gibt, dann mach' Limonade draus.« Und ja, es klingt genauso leicht, wie es tatsächlich ist.

Was machst du, wenn du dir die Finger am Herd verbrennst? Du ziehst sie sofort zurück und hältst sie unter kaltes Wasser. Eine Mücke setzt sich auf deinen Arm, bereit, dich auszusaugen? Du verjagst sie. Dein Auto braucht Benzin? Du wartest nicht, bis es stehen bleibt, sondern fährst zur Tankstelle.

Du reagierst auf Missstände, ob aus Reflex oder durch Überlegung, aber du reagierst. Warum also anders handeln bei einer Pechsträhne? Wenn du denkst, dass du daran nichts ändern kannst, liegst du falsch, denn deine persönliche Einstellung hat großen Einfluss darauf.

Hast du dich schon mal aufgerafft, um noch zu einer Party zu gehen, obwohl du eigentlich lieber daheim geblieben wärst, aber dann war es ein super lustiger Abend? Dann hast du deine Situation verändert. Wenn dir kalt ist, deckst du dich ja auch mit einer Decke zu (oder drehst die Heizung auf oder ziehst dir einen Pullover über). Wenn du nach einem absolut miserablen Tag das Gefühl hast, dass das Unglück anhält, dann hör auf. Sag dir selbst

»Nee komm, jetzt reicht es.« Geh zum Spiegel, lächle und sage dein Mantra auf. Lass es dabei im Bauch kribbeln. Wenn du in deinem Trott bleibst, wirst du unachtsam und deine Aufmerksamkeit folgt der negativen Energie. Es ist alles eine Frage der Betrachtungsweise, und ich weiß, es scheint manchmal schwer bis unmöglich, aber das ist es absolut nicht. Beginne mit deiner Belohnung und tu dir etwas Gutes. Dein Gehirn ist genauso darauf programmiert, Dopamin auszuschütten, wenn du dich belohnst, wie auch Adrenalin, wenn du gestresst bist. Drei Mal darfst du raten, was mit deinem Körper passiert, wenn er Stress ausgesetzt ist? Du bist reizbar, also bietest Angriffsfläche für mehr Negatives. Mit einer ohnehin schon negativen oder gestressten Grundhaltung schaffst du noch mehr Potential für Unglück. Stelle dir eine Reihe Dominosteine vor, die einer nach dem anderen umfallen. Der letzte Stein lässt ein Glöckchen erklingen, das signalisiert, dass der Kraftakt vorbei ist. Es musste erstmal viel Energie freigesetzt werden, damit die Steine umfallen, aber am Ende erklingt die Glocke.

Das ist dein Zeichen.

Warum versuchst du nicht, die negative Energie in etwas Positives umzuwandeln? Das Internet fällt aus und du hast kein Fernsehen, also könntest du dich dazu entschließen, ins Kino zu gehen. Du hast einen tollen Abend, erlebst einen vielleicht super Film und lernst in der Schlange zum Popcorn noch jemand Interessantes kennen? Möglich. Du könntest natürlich auch daheim sitzen bleiben und dich darüber ärgern, dass das Internet ausgefallen ist, was ist besser? Natürlich wählen wir Menschen genau wie der elektrische Strom gerne den Weg des geringsten Widerstands, einfach weil es bequemer ist. Dabei wissen wir doch ganz genau, dass sich nur etwas tut, wenn wir selbst etwas tun.

Es bewegt sich, wenn wir es bewegen, der Ball fliegt ins Tor, wenn ihn jemand geschossen hat, Aktion geschieht vor Reaktion.

Es ist also an uns, den Kreis zu durchbrechen, und ganz ehrlich - Meistens braucht es dafür nicht viel Mühe. Nur ein kleiner Schubser, einmal aufrappeln, eine kurze Anstrengung. Am Ende werden wir einsehen, dass es das wert gewesen ist.

Vielen Menschen hilft es, kreativ zu sein. Vielleicht spielst du ein Instrument, malst oder zeichnest gerne? Was auch immer du kannst, ist ein Segen!

Ich zum Beispiel habe vor einigen Jahren angefangen, Tabletop-Figuren zu sammeln – das ist ein

Spiel, bei dem man Spielfiguren selbst zusammenbasteln und bemalen muss. Schon als Kind hatte ich Warhammer-Figuren, und als Erwachsener wollte ich sie wiederhaben. Wenn ich abends eine oder zwei Stunden am Schreibtisch sitzen kann, Musik höre und diese kleinen Figuren zusammenbaue und bemale, fühle ich mich in meine Kindheit zurückversetzt und kann wunderbar entspannen. Die filigrane Arbeit fordert meine ganze Konzentration, sodass kein Platz für negative Gedanken bleibt. Ich kann komplett abschalten und habe am Ende auch noch etwas Greifbares geschaffen. Ein tolles Gefühl. Als meine nächtlichen Panikattacken in mein Leben krachten, reichte mir das allerdings nicht mehr. Auch das Musizieren war nicht genug (ich bin spiele diverse Instrumente). Ich brauchte etwas, auf das ich jederzeit meine Aufmerksamkeit richten konnte, ohne eine Gitarre in die Hand nehmen zu müssen, ohne mich an ein Schlagzeug oder Klavier setzen zu müssen - etwas, das allein im Kopf passiert.

Und so entstand mein erster Roman.

Als ich wieder einmal nachts aufwachte und mir das Herz bis ins Trommelfell schlug, versuchte ich mich an alte Zeiten zu erinnern. Die schöne unbeschwerte Jugend, in der Sorgen nur aus Schulnoten und den einfachsten Pflichten bestand. Ich erinnerte mich zurück an den Moment, als ich fünfzehn Jahre alt war und mit meiner Clique im Spätsommer auf der Skaterbahn saß. Es war warm und wir waren jung. Irgendwo ertönte aus einem Radio Musik, die einzig und allein für diesen Augenblick gemacht zu sein schien, denn alles war perfekt. Viele beste Freunde tummelten sich in der abendlichen Hitze, es wurde gescherzt, gechillt und jeder war gut drauf. Es gab kein böses Wort und niemand hatte Sorgen. Die Mädchen machten uns schöne Augen und wir flirteten zurück. Die Wärme schien uns fest zu umarmen und zusammen zu halten, denn so etwas gab es danach nie wieder. Wir tranken Alkopops und rauchten Zigaretten (wer ohne Schuld ist, werfe den ersten Stein), während wir heimlich die älteren Skater bestaunten. Jeder war irgendwie schön und interessant. Ständig fiel irgendein cooler Spruch und es wurde gelacht. Ein Abend so leicht und ohne Ängste.

Ich versuchte in dieser Nacht die Wärme zu spüren, mich an den Geruch der frisch gemähten Felder in der Umgebung zu erinnern und die vielen Stimmen und das Gelächter zu hören - und es gelang mir. Aber da der Moment endlich war, wurde er langsam von der Angst verdrängt, also musste ich ihn hinauszögern. Ich konstruierte Erinnerungen, die gar nicht wirklich stattgefunden hatten. Eine Story wurde geboren. Ich stellte mir vor, wie meine Freunde und ich am Kiosk standen und den Alkohol kauften, bevor wir zur Skaterbahn gingen. Dazu benutzte ich eine Erinnerung, die nicht an diesem Tag stattfand. Da der Abend in meinem Kopf einfach kein richtiges Ende hatte, konstruierte ich eben eins. Ich stellte mir vor, wie wir im Anschluss auf unseren Motorrollern zum Baggersee fuhren, die Girls auf dem Sozius oder mit wehenden Haaren auf ihren eigenen Maschinen, und wir sprangen ins Wasser. Ich konnte die Freiheit spüren, riechen und schmecken. Es war der perfekte Moment, für den ich alles gegeben hätte, um ihn in dieser Nacht noch einmal zu erleben. Ich schlief ein und wachte morgens relativ ausgeschlafen auf. Der erste Gedanke ging sofort an den damaligen Abend zurück, und am liebsten wollte ich im Bett liegen bleiben und weiter daran zurückdenken. Doch die Arbeit rief. Über den Tag verteilt holte ich mir immer wieder kurze Sequenzen in meinen Kopf zurück, und es ging mir blendend.

In der nächsten Nacht ging es wieder los und ich wachte auf. Ich konnte hören, wie mein Körper mir die Frage stellte, ob wir jetzt Panik machen sollen, oder wieder an etwas Schönes denken. Ich entschied mich für das Schöne und die Panik blieb aus. Da auch meine tollen Erinnerungen begrenzt sind, fing ich an, einfach meine Phantasie zu benutzen. Ich konstruierte sogar Menschen, die es gar nicht gibt, an Orten, an denen ich nie war. Meine Vorstellungskraft war so groß, dass ich ganze Kinofilme in meinem Kopf erschuf, und fast war ich dankbar, dass mir die Angst die Tür dorthin geöffnet hatte. Aber nur fast. Nach etwas mehr als einer Woche war mein Kopf voll mit erfundenen Erinnerungen, Orten, Menschen und Momenten. Ich brauchte Platz, also fing ich an, alles aufzuschreiben. Mein Gedankenkonstrukt war so detailreich und präsent, dass es das Erste war, woran ich nach dem Aufwachen denken musste. Also griff ich jeden Morgen als erstes zum Stift und einem Schreibblock und notierte mir Stichpunkte. Das nahm so schnell Form an, dass ich den Entschluss fasste, ein Buch zu schreiben. Der Gedanke schlug dermaßen bei mir ein, dass ich regelrecht euphorisch war ihn umzusetzen. Ich hatte so viel Lust, dieses Buch zu schreiben, dass ich keinen Platz mehr für andere Gedanken hatte.

Meine erdachten Figuren bekamen Namen und ich hatte zu jeder Person ein Gesicht vor Augen. Es war perfekt.

Während ich dieses Buch schrieb, konstruierte ich die Geschichte beinah jede Nacht weiter, also musste ich mir ein Ziel setzen. Wenn ich das Buch fertig geschrieben habe, dann habe ich auch die Angst besiegt. Ich habe meine Angst zerstückelt, aufgeteilt und diese immense Geschichte daraus geformt, und es war klar, dass der einzig mögliche Ausgang der Sieg über meine Angst sein musste, und ich sollte Recht haben.

Das Manuskript war nach etwa acht Wochen fertig und umfasste mehr als vierhundert Seiten. Ich begann es zu überarbeiten, auszuschmücken und zu korrigieren, der Rest ist Geschichte.

Natürlich will ich jetzt nicht sagen, dass du ein Buch schreiben musst, um deine Angst loszuwerden, denn ganz ehrlich? Von Dauer war meine Selbsttherapie leider nicht. Aber du kannst etwas in dein Leben holen, von dem du vielleicht gar nicht weißt, dass es dir etwas bedeutet. Selbst wenn du nie gemalt hast, kannst du es mal versuchen. Wenn es dir nicht gefällt, liegt dir ein Instrument vielleicht besser. Eine gebrauchte Gitarre ist absolut erschwinglich und leicht zu erlernen. Pack den Teufel bei den Hörnern und widme ihm deine Songs, egal wie dilettantisch diese anfangs sein mögen. Nimm dir irgendetwas, das dir Spaß machen könnte, und kanalisiere deine Emotionen dort hinein. Verpacke deine positiven Gedanken mit Geschenkpapier und mache sie greifbar. Niemand wird deine Gedanken, Träume und Hoffnungen verstehen können, wenn sie in deinem Kopf bleiben. Aber jeder wird sie fühlen können, wenn du daraus ein Lied bastelst oder ein Bild malst. Selbst wenn du ein Starkoch in deiner Wohngemeinschaft werden willst, deine Mitbewohner werden die Liebe, die du ins Essen steckst, spüren und schmecken. Es geht dabei nicht darum, ein Experte oder eine Expertin zu werden, sondern einzig und allein darum, deine Gefühle in etwas physisches zu verwandeln. Schließe die Augen, greif in die Saiten oder Tasten oder wie auch immer dein Instrument funktioniert und sei gespannt auf das Ergebnis. Gehe in dich, male drauf los und schau, was passiert. Schreibe Gedichte und lasse die Wörter aus deinen Fingern gleiten, frei weg von der Seele. Es gibt viele Möglichkeiten für dich, deine Gedanken und deine Gefühlswelt in etwas wunderschönes zu verwandeln, das du mit der Welt teilen kannst, oder einfach für dich allein behältst.

Betrachte deine Werke im Anschluss, und du wirst deutlicher sehen, was in dir vorgeht. Du wirst die wahren Emotionen aus deiner Musik heraushören können.

Du wirst etwas Greifbares schaffen, und darum geht es. Du wirst die Angst entstigmatisieren, was heißt, dass du sie sichtbar machen kannst. Wovor haben wir Menschen am meisten Angst? Vor dem, was wir nicht sehen und nicht beeinflussen können. Mit Kreativität nimmst du der Angst die Macht, genauso, wie wenn du ihr einen Namen gibst, und doppelt hält bekanntlich besser.

Denke nicht vorher schon, »Ich hab eh keine Talente« oder »bis ich das gelernt habe«, sondern versuche es einfach mal. Wir wollen keine negativen Affirmationen, keine Wörter wie nein, nicht und blöd. Die Angst ist auch irgendwann neu in dein Leben gekommen, vielleicht hat sie ja etwas mitgebracht, das du positiv nutzen kannst. Möglicherweise entdeckst du ja ein verborgenes Talent, an dem du richtig viel Freude hast. Du kannst versuchen zu stricken, vielleicht ist das etwas für dich. Du kannst Pokémon-Karten sammeln, Steine bemalen, Holzfiguren schnitzen, Briefmarken sammeln, Blockflöte spielen, Cupcakes backen, Comics zeichnen oder Websites programmieren. Denk einfach mal darüber nach, was dich schon immer fasziniert hat und greif dir ein Herz um zu sagen: Das mache ich auch!

Musik kann beispielsweise auch ein passiver Helfer sein. Wohl jeder Mensch weiß, welche Art Musik ihm gut tut oder die gewünschte Reaktion hervorruft.

Wie ich bereits erwähnte, griff ich am Anfang meiner Panikattacken nach jedem Strohhalm, um das Problem in den Griff zu bekommen. So kaufte ich mir ein Plüschtier, dessen Bauch leuchtet und sanfte Musik spielt, wenn man ihn drückt.

Was ich anfangs für eine gute Idee hielt, entpuppte sich schnell als Melodie, die mich durch den ganzen Tag begleitete und somit ständig an mein Problem erinnerte. Auch nachts half es mir nicht mehr, sondern im Gegenteil, immer wenn ich auf den Bauch des Häschens tippte, bekam mein Problem ein Scheinwerferlicht aufgesetzt und einen Jingle gespielt. Ich wusste also nach dem Berühren und Aktivieren, »Ich habe ein Problem, und das ist jetzt akut«, und das war absolut kontraproduktiv, aber ich war nicht bereit, auf die tolle Technik von heute als Hilfsmittel zu verzichten.

Bei einem großen Anbieter für Musikstreaming

richtete ich mir eine Playlist ein, voll von Liedern, die mich irgendwie beruhigten oder an etwas Schönes erinnerten und nannte sie ganz simpel Die Playlist. Wenn ich nun nachts aufwachte und die Nervosität in mir spürte, brauchte ich nur zu sagen »Hey Siri, spiel die Playlist« und es ging los. Ich muss das Smartphone dafür nicht mal in die Hand nehmen oder die Uhrzeit sehen, was sehr praktisch ist. Wenn das Gehirn keine Reize bekommt, kann es ganz ungestört Amok laufen und Dinge konstruieren, was wir natürlich vermeiden wollen. Mit einer leisen und beruhigenden Musik im Hintergrund wird uns das erschwert. Bei mir sind es zum Beispiel ruhige Entspannungslieder, die mich in irgendeiner Weise an den Sommer erinnern, was mich gedanklich sofort ablenkt. Es ist nun schwieriger dir einzureden, dass etwas nicht stimmt, wenn dir ein äußerer Reiz etwas Positives vermittelt.

Musik kann allerdings auch bestärkend oder aggressionsgeladen wirken. Beruflich hatte ich mal einen Termin, der mit einer Übernachtung verbunden war. Während der Rückfahrt am nächsten Tag kam mir der Gedanke, dass ich das Frühstück nicht richtig vertragen hätte und prompt bildete sich ein Stau auf der Autobahn. Ich spürte, wie mir das Lenkrad durch die schweißnassen Hände glitt und sah mich nervös um. Drei Spuren, ich auf der Mittleren, ohne eine Chance auf eine Ausfahrt oder einen Parkplatz. Der Gedanke jetzt ganz dringend eine Toilette zu brauchen machte mich wahnsinnig, denn ich konnte nicht fliehen. Vor meinem geistigen Auge sah ich mich aus dem Auto rennen, über den Standstreifen ins Gebüsch, während der Verkehr weiter rollte und mein Auto mit Warnblinker auf der mittleren Spur stehen bleiben würde. Hunderte Autofahrer hätte ich zusätzlich blockiert. Mir schlug das Herz bis zum Hals und ich war fest davon überzeugt, dass alles gleich eintreten wird, was ich mir vorstellte. Damals hatte ich noch keinen Namen dafür, also rief ich laut »Komm schon, ist gut jetzt verdammt!«, öffnete ein Fenster für frische Luft und drehte die Musik im Autoradio ein ganzes Stück lauter. Ich war echt angefressen, weil die Situation einfach völlig unnötig war. Also tippte ich ein paarmal auf den Touchscreen des Autoradios und startete eines meiner Lieblingsalben aus dem Metal-Bereich. Ich ballte die Fäuste, schlug im Takt auf das Lenkrad und stieß einen Urschrei aus, der perfekt zur brachialen Energie passte, die das Auto durchflutete. Die Musik hielt mich davon ab, weitere Horrorszenarien zu spinnen, und trieb die negative Energie aus mir heraus. Die aggressive Musik weckte in mir eine Art „Fuck-Off"-Attitüde, also öffnete ich das Fenster ganz und streckte wild gestikulierend meine Faust nach draußen. Ich merkte, dass die anderen Verkehrsteilnehmer im Stop-and-Go einen Bogen um mich machten, so gut sie konnten. Kein Wunder, wenn ihr mich fragt – wenn da im Stau jemand mit erhobener Faust und lauten Schreien seinen Frust rauslässt, wäre mir das wohl auch suspekt.

Jetzt kann ich darüber lachen, aber damals hat es mir wirklich den Arsch gerettet.

Also musst du nicht zwangsläufig im Alltag auf deinem Smartphone Entspannungsmusik laufen lassen und hoffen, dass sie dich beruhigt. Überleg dir lieber einen Plan und entscheide dann spontan, was passt. Nachts im Bett würde ich jetzt nicht unbedingt die Death Metal-Playlist abspielen, aber hey, wenn dir danach ist, dann los! Bereite dich ein kleines bisschen darauf vor, so wie ich mit meiner Playlist für die Nacht. Baue dir Ventile für verschiedene Situationen, die du dann öffnen kannst, um die Anspannung loszuwerden. Vielleicht magst du ja Musik aus den 80ern, die dich an eine tolle Zeit erinnert, klassische Musik, die dich tiefenentspannt, Hip Hop, der dir den Schmerz von der Seele redet oder Kindergeschichten, die einfach nur Zucker für das Gemüt sind.

Schaffe dir kleine Türen, die hilfreiche Auswege aus beklemmenden Situationen sein können, und wenn du nur deinen Bürokollegen bittest, das Radio etwas lauter zu stellen.

Musik erzeugt Emotionen, und die vertreiben Geister.

Kreativität ist Balsam für die Seele.

6. Kapitel

Atmung und Meditation

Ein wichtiger Bestandteil für geistige Ausgeglichenheit ist ein gesunder Körper, denn eine defekte Psyche kann sich negativ auf unsere Gesundheit auswirken.

Ein maßgeblicher Faktor für unser Befinden ist die Nährstoffkonzentration in unserem Körper, und diese kann schon durch die Atmung beeinflusst werden. Ich habe beiläufig und leider viel zu spät herausgefunden, dass ein Absenken des Kohlendioxidspiegels (CO_2) in unserem Blut typische Zustände von Panikattacken auslöst, was vor allem nachts passieren kann.

Während des Schlafens erhöht unser Körper den Kohlenstoffdioxidspiegel im Blut, denn das bewirkt, dass wir im besten Fall danach ausgeruht und erholt morgens aufwachen. Albträume oder andere Trigger können uns aus dem Schlaf reißen, was nun dazu führt, dass unsere Atmung im Wachzustand schneller ist und damit der CO_2-Spiegel im Blut sinkt, denn Kohlendioxid atmen wir ja bekanntlich aus. Du denkst jetzt, Sauerstoff einatmen ist doch gesund, nicht wahr? Mitnichten.

Es kommt immer darauf an, in welchem Zustand sich dein Körper befindet. Wenn du gerade noch geschlafen hast, brauchst du CO_2. Während der Nachtruhe atmest du nur noch etwa zwölf bis sechzehn Mal in der Minute, was den Sauerstoffgehalt im Blut etwas absenkt und den CO_2 Bedarf erhöht. Wenn du plötzlich aufwachst, atmest du schneller und damit mehr Sauerstoff ein. Das kann das bekannte Gefühl der Atemnot auslösen, in der wir denken, ersticken zu müssen. Und genau hier gibt es einen einfachen und sehr wirksamen Trick:

Die Rückatmung. Bestimmt hast du das schon mal im Fernsehen oder sogar in Echt gesehen, wie Leute mit einem Nervenzusammenbruch in eine Tüte atmen. Das hat genau die Funktion, dass ausgeatmetes Kohlendioxid wieder eingeatmet und unserem Körper zugeführt wird. Das ist äußerst wichtig zu wissen, denn anders als im Wachzustand, in dem wir gerne tief ein und ausatmen und den Sauerstoff in unser Blut transportieren, benötigen wir nachts mehr CO_2. Unser Körper reguliert das automatisch während wir schlafen durch die Atmung. Wenn du jetzt überlegen solltest, dir eine Tüte auf den Nachttisch zu legen, verwirf den Gedanken lieber ganz schnell.

Zieh dir Bettdecke über Mund und Nase und

atme ganz normal weiter!

Es dauert nur etwa zehn Sekunden, und du wirst spüren, wie sich dein Körper beruhigt, denn das ausgeatmete CO_2 kann so besser wieder eingeatmet werden und gibt dem Körper Zeit, sich zu regulieren.

Dieses Erstickungssymptom wird Hyperventilation genannt und kann dir während einer Panikattacke auch tagsüber passieren. Stressbedingt zwingst du dich selbst schneller und tiefer zu atmen, was dein Blut mit Sauerstoff übersättigt. Das ist zum Beispiel bei Sport der Fall, wenn deine Muskeln mehr Sauerstoff benötigen. Nimm in dieser Situation beide Hände vor Mund und Nase, als wäre es eine Atemmaske und atme hinein. Du wirst feststellen, wie sich dein Zustand rapide verbessert!

Beim Weihnachtsshoppen war es bei mir mal soweit. Zwei Tage vor Heilig Abend kam mir in den Sinn, dass ich meiner Liebsten noch zusätzlich eine Kleinigkeit unter den Baum legen könnte, also machte ich mich auf ins vorweihnachtliche Chaos. Ich besuchte zwei große Einkaufszentren, ohne das zu finden, was ich suchte. Um nicht ganz umsonst losgefahren zu sein, kaufte ich ein paar Knabbereien und fühlte mich schon an der

Supermarktkasse unwohl. Schreiende Kleinkinder, hustende Menschen und die Tatsache, dass ich mal wieder vergessen hatte, in welchem Parkhaus mein Auto stand, verstärkten das Gefühl. Schließlich konnte ich bezahlen und verließ schnell den Laden. Eine große Rolltreppe führte auf direktem Weg durch mehrere Etagen und schien mir der schnellste Weg hinaus zu sein, also folgte ich dem Gedränge und stellte mich auf zwei Stufen. Wie es der Zufall eben so wollte, standen ein paar Stufen weiter vorne ein dickliches Kind mit einer überdimensionierten Schokowaffel in der einen und seiner Mutter an der anderen Hand und übergab sich voll auf die Stufen der Rolltreppe. Die zwei Leute hinter dem Kind und der Mutter machten einen Schritt zurück und standen mir nun auf den Füßen. Es wurde noch enger, da ich wegen den Leuten hinter mir nicht weiter zurück konnte, und natürlich schoss mir gleich der Gedanke durch den Kopf, dass der Kleine einen Virus haben und uns alle anstecken könnte. Also reagierte mein Körper wie gewohnt mit einem Presslufthammer-artigen Herzschlag und nassen Händen. Mir wurde leicht schwindelig und ich überlegte kurz, über die Seite der Rolltreppe hinunter zu springen. Das wäre vermutlich mein Ende gewesen. Die Vernunft siegte zum

90

Glück und ich sah, dass weniger als die Hälfte vom Weg noch übrig war, also entschied ich mich standhaft zu bleiben. Während die Leute versuchten Abstand zu dem kleinen Kotzjungen zu wahren, stand ich eingepfercht zwischen Daunenjacken und Einkaufstüten und atmete unauffällig in meinen Jackenärmel. Der Schweiß lief mir die Handgelenke runter, aber ich konzentrierte mich auf den Blick nach draußen und das erfrischende Schneetreiben dort. Die grauenhafte Situation näherte sich dem Ende, als wir fast unten ankamen. Die aufgebrachte Mutter zerrte ihr Kind davon und der Kotzfleck verschwand in der unteren Mechanik der Rolltreppe. In ein paar Minuten würde er oben wieder herauskommen, dachte ich mir und musste beinah etwas lachen. Es waren maximal dreißig Sekunden, in denen ich in meine Hände atmete, und es ging mir besser. Kurz vor Verlassen der Rolltreppe nahm ich die Hände vom Gesicht und eine junge Frau hinter mir sagte »das wird schon wieder«. Sie musste erkannt haben, was bei mir los war, also lächelte ich nur verlegen und nickte mit dem Kopf. Mehr brachte ich nicht raus. Ich verließ das Kaufhaus, stand draußen in der erfrischenden Winterkälte und ließ ein paar Schneeflocken auf meinem Gesicht landen. Es ging mir wieder gut und ich konnte mich auch erinnern, wo mein Auto geparkt war.

Die Atmung ist ein wesentlicher Bestandteil und kann unsere Panik regulieren. Natürlich weiß ich, wie schwer es ist, während einer laufenden Attacke einen klaren Gedanken zu fassen und sich auf etwas wie die Atmung zu konzentrieren, aber es ist notwendig. Wenn du fühlst, dass sie kommt, beginne sofort mit einer gleichmäßigen Atmung. Lass es nicht erst zum Hyperventilieren kommen, sondern atme rechtzeitig dagegen, und dann sagst du deinem Jochen klar und bestimmend, dass er den Scheiß lassen soll. Atme dabei weiter, gleichmäßig und ruhig. Lächle, und schlage so den Dämon in die Flucht. Du wirst merken, wie ein kleines Lächeln dir auf einmal viel an Power zurückgibt. Mit der neu hinzugewonnen Kraft gibst du Jochen weiter die Sporen und sagst ihm, dass du stark bist und das nicht mit dir machen lässt. Sag ganz deutlich und mit Überzeugung, dass du der Boss bist.

Dein Körper, deine Regeln.

Eine weitere äußerst mächtige Waffe im Kampf gegen die Angst ist die Meditation.

Unser Körper ist täglich viel Stress und Anstrengung ausgesetzt, auch wenn es manchmal auf den ersten Blick nicht so scheint. Physische Strapazen machen nur einen kleinen Teil davon aus, viel mehr ist es die psychische Belastung. Das fängt schon früh morgens mit den Nachrichten an. Leider ist es heutzutage Standard, dass kaum ein Tag ohne Horrormeldungen aus der Welt vergeht. Inflation, Erderwärmung, Kriege, Terror, Unterdrückung und viele weitere Themen belasten uns subjektiv, auch wenn wir es nicht offensichtlich wahrnehmen. Meldungen über schwere Verkehrsunfälle, Umweltkatastrophen, Steuererhöhungen und Amokläufe sind leider trauriger Alltag und brennen sich in unser Unterbewusstsein. Uns wird permanent Gefahr vermittelt. Unser Geld und Wohlstand sind in Gefahr, der Frieden ist in Gefahr, die Welt ist in Gefahr und wir, mittendrin, sind ebenfalls in Gefahr, das zumindest wird uns suggeriert und der Körper speichert es ab. Wer hat schon ein gutes Gefühl, nach dem die aktuellen Nachrichten konsumiert wurden? Diese Negativität prasselt täglich mehrfach ungefiltert auf uns ein, und die wenigen Dinge, die Hoffnung machen, reichen meist leider nicht oder nur kaum, um das zu relativieren oder auszugleichen.

Unserem Gehirn wird tagtäglich Gefahr

vermittelt, die es nicht zuordnen kann. Actionfilme, Nachrichtenbilder oder andere Hiobsbotschaften zeigen unserem Gehirn Gefahr, auf das es sich einstellt. Rein evolutionär ist das Gehirn noch gar nicht so weit, diese Bilder zu verarbeiten. Vor gut 200 Jahren noch gab es das alles nicht und unser Körper ist diesen Zustand seit tausenden von Jahren gewohnt. Innerhalb einer kurzen Zeitspanne allerdings konnten wir uns über alles informieren und werden mit Eindrücken von Tod und Elend überhäuft. Vor ein paar hundert Jahren noch wusste nicht jeder Mensch, wie Krieg aussieht – heute weiß es jeder. Unser Gehirn ist genau wie das der Tiere noch immer darauf programmiert, Gefahren zu erkennen, zu bewerten und eine Lösungsstrategie zu entwickeln (Flucht, Angriff oder Verteidigung). Unsere Vorfahren sehen zum Beispiel eine Flut das Tal hinabfließen und wissen sofort, dass sie flüchten müssen. Wir sehen heutzutage Videos auf dem Smartphone, die eine Flut irgendwo auf der Welt zeigen und unser Gehirn geht in den Alarmzustand. Natürlich sind wir rational und wissen, dass wir nicht aktiv betroffen sind, aber unser Unterbewusstsein speichert die Eindrücke der Gefahr und verknüpft sie mit Eventualitäten – es könnte uns auch passieren. Die Nachrichten zeigen eine

Massenkarambolage mit mehreren Toten in Tsche-chien und unser Gehirn speichert es mit dem Ver-merk „Achtung! Autofahren!" ab. Selbst wenn wir nicht aktiv von einer Gefahr betroffen sind, regis-triert unser Gehirn es als solche. Zehntausende Jahre der Evolution können nicht einfach so in 50 Jahren des Informationszeitalters angepasst wer-den. Es sind allerdings nicht nur die Nachrichten, denn auch Gespräche mit Arbeitskollegen, Familie oder Freunden können uns verunsichern. Man teilt seine Meinung mit anderen und erzeugt ein glaub-haftes Bild von Horrorszenarien, die wieder und wieder verstärkt werden, jeden Tag. Dabei ist nicht alles schlecht in unserer Welt, sie hat sogar sehr viel Potential für Gutes! Es gibt durchaus Nachrichten-seiten im Internet, die ausschließlich Positives be-richten. Das sollte man sich mal anschauen. Natür-lich sind diese Nachrichten wenig relevant für das aktuelle Weltgeschehen, aber doch sehr erheiternd. Wenn Klaus aus der Werkstatt meckert, wie hoch der Heizölpreis momentan ist, entgegne einfach mal »Oh, das ist wirklich blöd, aber hast du ge-wusst, dass wieder vermehrt Rehe in deutschen Wäldern ansässig sind? So viele wie seit 70 Jahren nicht mehr.« Vermutlich wird das den miesgelaunten Klaus nicht besänftigen, aber hin und wieder mal eine nette Meldung über etwas Positives zu lesen ist einfach Balsam für die Seele, und den brauchen wir dringend.

Klaus sein Verhalten zeigt leider auch, dass sehr viele Menschen eine generelle Unzufriedenheit an den Tag legen, aber das kann man ändern.

Zuerst einmal sollten wir uns dringend überlegen, wie wir filtern können, was auf uns einprasselt. Da wäre zum einen, die Nachrichten etwas zu dosieren. Ich zum Beispiel schaue einmal am Tag nach, meistens in der Mittagspause. Früh morgens ist es eher nicht ratsam, immerhin möchte man ja mit positiver Energie in den Tag starten. Abends ist es überhaupt nicht ratsam, da man ja nicht mit negativen Einflüssen ins Bett gehen möchte. Außerdem sollte man klug wählen, woher man seine Nachrichten bezieht. Hierbei würde ich von einigen Boulevardnachrichten, die jede Schlagzeile doppelt dramatisch aufbauschen, abraten. Ihr wisst schon was gemeint ist. Befasst euch mit Tatsachen, nicht mit theatralischem Actionkino. Belastenden Gesprächen gekonnt aus dem Weg zu gehen ist die nächste sehr wichtige Sache, die zu lernen ist. Jeder kennt das genervte Schnauben, wenn man sich endlich einem kräftezehrenden Gespräch entziehen konnte. Wir Menschen sind kommunikativ, aber neigen auch dazu, unser Leid und unsere Ängste mit anderen teilen zu wollen. Zustimmung einer Gruppe erzeugt ein Gefühl von Befriedigung und sich seiner Meinung sicher zu sein. Wie etwa die Gretel aus dem Nachbarbüro, die ungefragt mehrmals am Tag andere Büros zum Quatschen aufsucht und sich ausgerechnet bei dir über die gescheiterte Migrationspolitik beschwert. »Die holen jeden rein und überschütten ihn mit Geld und keiner muss arbeiten.« Du atmest tief durch (immer erst die Atmung, dann das Gespräch, so wie mit Jochen), schaust sie mit einem zufriedenen Lächeln an und lässt ihre Worte erstmal im Raum stehen. Dann entgegnest du freundlich: »Meine liebe Gretel, das kommt mir bekannt vor, du bist grad auch nicht an dem Ort wo du sein solltest, wirst mit Geld überschüttet und arbeitest nicht.« Du kannst aber auch den Frieden wahren und einfach sagen: »Liebe Gretel, das ist ja furchtbar«, womit du eigentlich ihre politische Haltung meinst. Entweder wird sie merken, dass du an ihrem Dünnsinn kein Interesse hast oder sie erkennt deinen Sarkasmus nicht und fühlt sich in ihrer Denkweise bestätigt. Das kann dir erst mal egal sein, Hauptsache deine Antwort gib keinerlei Spielraum für weitere Gespräche. Natürlich empfiehlt sich situationsbedingte Schlagfertigkeit. Lass einfach kurz wirken, was gesagt wurde und antworte, wenn du bereit bist, etwas Neutrales, was keinerlei Angriffsfläche für weitere Diskussionen bietet.

»Mein Gott, darüber muss ich erstmal in Ruhe nachdenken.«

»Da hast du vielleicht recht, aber das wird schon.«

»Kann sein, dass ich da morgen in der Zeitung was drüber lese…«

»Pluto ist seit 2006 kein vollwertiger Planet mehr.«

»Oh nein! Lass mich meine Bestürzung allein ertragen…«

Wirklich ratsam ist auch zu kontrollieren, wie viel Zeit man täglich in Sozialen Medien verbringt.

Wir sehen Menschen an Traumstränden, mit tollen Autos, perfekter Haut. Uns wird plötzlich völlig konträr suggeriert, was andere Menschen Besseres zu haben scheinen oder es ihnen besser geht, als einem selbst. Storys, die scheinbar perfekte Liebesbeziehungen zeigen, lassen uns schnell an unseren Eigenen zweifeln (wenn wir denn überhaupt eine haben). Videos von süßen Tieren wecken

Begehrlichkeiten, denn wer hätte nicht gerne zwei kleine Hunde oder Kätzchen daheim, die lustig miteinander spielen? Hier herrscht wieder eine Diskrepanz, denn auf der einen Seite lesen wir schreckliche Nachrichten aus der einen Ecke der Welt, und bei Social Media sehen wir plötzlich alles Erstrebenswerte, das wir uns vorstellen können. Jeder sieht wie geleckt aus, die vielen Likes und positiven Kommentare schüchtern uns ein und es macht uns traurig, weil wir vielleicht nicht so beliebt sind. Natürlich kommt es immer auf den individuellen Bereich an, aber das vermittelte Grundbild ist schon überall ein aufpoliertes Extrem. Da fragt man sich doch, wie man sich bei der wirtschaftlichen Lage auch so ein schnittiges Auto leisten könnte? Oder einen Traumurlaub? Wann findet man selbst so einen tollen Partner, wie es auf Instagram oder Facebook gezeigt wird? Mir persönlich ist irgendwann aufgefallen, dass man bei Instagram zum Beispiel ein tägliches Zeitlimit festlegen kann. Das ist sehr praktisch, denn es beschränkt deinen Konsum. Natürlich ist absolut nichts gegen die Sozialen Medien einzuwenden, man sollte sie nur in Maßen genießen. Es bringt einem absolut gar nichts, sich abends einen Film bei Netflix anzumachen und dann 90%

der Zeit auf sein Smartphone zu starren und sich blenden zu lassen.

An der Stelle möchte ich erwähnen, dass man sich wirklich viel besser fühlt, wenn man sich am Tag mal 20-30 Minuten Zeit nimmt, um ein Buch zu lesen. Vielleicht auf dem Klo, oder wie ich vor dem Einschlafen. Mir kam meine Bildschirmzeit eines Tages wirklich zu viel vor, da ich quasi seit dem Aufstehen morgens irgendein Display oder einen Bildschirm vor der Nase hatte. Manchmal war mir schwindelig, wenn ich einfach aus dem Fenster sah, also entschied ich mich, wieder mehr zu lesen. Damals las ich vielleicht drei Bücher im Jahr, mittlerweile sind es bis zu fünf im Monat. Zuerst hatte ich mir vorgenommen, die großen 100 zu lesen, also die Klassiker der Weltliteratur von Jane Austen, Charles Dickens, Leo Tolstoy, Marc Twain, Dostojewski, Kafka, Orwell, Salinger, Brecht, Hemingway, Hesse, Heine und so weiter. Als ich etwa die Hälfte gelesen hatte, merkte ich, dass ich mich mit einigen Werken unnötig schwer tat, also konzentrierte ich mich mehr auf Lektüre, die mir Spaß macht und ein positives Gefühl gibt, denn davon existieren einige. Man fühlt sich wirklich gut, nachdem man ein paar Seiten geschmökert hat - beinahe, als hätte man sich den medialen Dreck aus

dem Kopf gewaschen und etwas Intellekt hineinge-
spült. Das Gehirn arbeitet ganz anders, wenn es
sich das Gelesene vorstellt, die Gesichter und Orte
dazu, anders, als wenn man sich einfach vom Fernsehen oder Smartphone berieseln lässt. Das Gehirn
ist ruhiger und entspannter und produziert positive
Bilder. Probiere es mal aus! Wenn du nicht sowieso
gerade dieses Buch hier zum Einschlafen liest,
mach es. Oder besorge dir eine schöne Geschichte,
die dir viele tolle Bilder in den Kopf zaubert, wie
zum Beispiel Weiße Nächte von Fjodor
Dostojewski. Natürlich gibt es auch viel schöne
zeitgenössische Literatur, nutze einfach dein
Smartphone und informiere dich. Übrigens würde
ich immer das gedruckte Buch einem E-Book vor-
ziehen, weil es einfach Balsam für die Seele ist. Der
Geruch, das Knistern beim Umblättern der Seiten
und nicht zuletzt die schöne Sammlung im Regal,
die langsam entsteht. Zum einen schaut man gelegentlich auf einen Buchrücken, liest den Titel und
weiß sofort, welche Charaktere dort auftauchen,
zum anderen gibt es dieses Sprichwort, das besagt,
man solle niemals mit jemandem diskutieren, dessen Fernseher größer ist als sein Bücherregal. Das
schüchtert schon etwas ein, denn ganz ehrlich; Ein

Fernseher kostet weniger als 100 Bücher. Es wird etwas mit deinem Selbstbewusstsein machen, wenn du mehr belesen bist, glaub mir. Außerdem wird dein Hirn beim Einschlafen nicht zigtausend Eindrücke verarbeiten müssen, die du vorher auf der Mattscheibe gesehen hast.

Aber nun zum eigentlichen Thema, der Meditation. Denn all die täglichen Sinneseindrücke, die uns beschäftigen können wir mit gezielter Ruhe ausschalten. Meditation ist eine Geistesübung, die weltweit schon seit tausenden Jahren praktiziert wird. Der Geist ist dabei völlig klar und im Ruhemodus, denn wir steuern damit unsere Aufmerksamkeit.

Ziel ist es, sich einen Moment völliger Ruhe ohne gedankliche Anstrengung zu gönnen. Man konzentriert sich bewusst auf seinen Körper und die Atmung, um in sich hinein zu lauschen und seine Emotionen, das Immunsystem und die psychische Gesundheit positiv zu beeinflussen (und das ist medizinisch belegt!). Dabei spielt es keine Rolle, ob du religiös oder spirituell bist, denn es handelt sich um eine körperliche Übung. Für Spagat brauchst du auch keine Kirche.

Es gibt natürlich tausende Bücher, Anleitungen und YouTube-Videos zum Thema Meditation, aber im Grunde kannst du einfach anfangen, denn du merkst schon, wenn es richtig ist und kannst auch nicht viel falsch machen.

Zuerst einmal solltest du einen ruhigen Raum ohne äußere Einflüsse aufsuchen. Musik ist in Ordnung, aber sie darf dich nicht ablenken. Am besten versuchst du es in absoluter Stille bei gedämpftem Licht. Wenn es dir hilft kannst du auch ein Räucherstäbchen oder Kerzen anzünden, ganz egal, denn es geht darum, deine Ruhe zu finden und aufmerksam zu sein.

Setze dich gemütlich auf den Boden (auf den Teppich oder ein Kissen). Wähle dazu klassisch den Schneider- oder Lotussitz, was immer entspannter für dich ist, du kannst deinen Rücken dabei auch an eine Wand lehnen, wenn das für dich angenehmer ist.

Lege die Hände auf die Schenkel oder Knie, so, dass sie dir selbst nicht im Weg sind. Lasse die Handflächen nach oben zeigen und Daumen und Zeigefinger einander berühren. Das nennt sich Mudra und ist eine symbolische Geste der Hände für das Bewusstsein. Schließe die Augen und mach deinen Rücken gerade, schiebe die Sitzbeinhöcker zum Boden und die Schädeldecke nach oben. Mach dich richtig lang. Nun lass den Kopf vorsichtig kreisen, bis sich deine Sitzposition eingependelt hat. Entspanne den Rücken, die Hände, die Beine, den Kopf und die Füße. Löse die Zunge vom Gaumen und lasse sie locker im Mund, sie hat nichts zu tun. Entspanne den Punkt zwischen den Augenbrauen, lass sie fallen.

Gehe langsam in dich und denke an deinen Körper. Stelle dir vor, wie du durch ihn hindurchsehen kannst, die vielen kleinen Funktionen, diese mächtige Maschine. Beginne nun, dich auf die Atmung zu konzentrieren. Atme tief durch die Nase ein und aus, ganz langsam. Spüre dabei jeden Atemzug. Fühle die Luft, wie sie frisch durch deine Nase in den ganzen Körper strömt und alles ausfüllt, bis in die Zehenspitzen. Atme langsam aus und spüre den warmen Atem, wie er deinen Körper verlässt und dabei alles Schlechte rausspült. Wiederhole das so oft und so lange du willst. Konzentriere dich auf den Luftstrom, ohne an irgendetwas zu denken. Wenn du dich bei einem Gedanken erwischst, kein Problem, lass ihn los und kehre zurück zu deiner Atmung. Du musst Aufmerksam sein, denn in diesem Moment brauchst du nur dich und deine Atmung. Fühle, wie die warme Luft deinen Körper durch die Nase verlässt und alles mit hinausträgt, was du in diesem Moment nicht brauchst. Mach das ruhig ein paar Minuten, bis du dich entspannt und leer fühlst.

Behalte die tiefe Atmung bei und stell dir deinen Körper vor, wie die Luft ihn durchströmt, erfrischt und reinigt. Du bist eins mit dem Atem, wie eine Gottheit der Stürme. Reinige dich mit Luft, lass das Unnütze hinaus. Mache das solange du willst, mindestens aber zehn Minuten. Es ist wohl investierte Zeit und du wirst es nicht bereuen, versprochen. Wenn du meinst, es ist genug, kehre langsam zu dir selbst zurück. Fühle deinen Körper, bewege die Finger und die Zehenspitzen, öffne ganz langsam die Augen und nimm dir noch einen Moment, deine Sicht wieder vollständig herzustellen.

Atme normal, so wie du es immer tust, falte die Hände und bringe sie vor die Brust, so dass die Daumen deinen Brustkorb berühren. Lächle von Herzen und bedanke dich bei dir selbst für diesen wundervollen Moment der Aufmerksamkeit. Lass es ein wenig kribbeln!

Das ist nur eine Beispielanleitung, es muss nicht exakt so gemacht werden. Im Grunde geht es darum zu verstehen, seinem Geist eine Pause und damit Ruhe zu gönnen. Ich habe mir anfangs mit

Einsteigervideos auf YouTube geholfen. Dort gibt es wirklich eine breite Auswahl, und tendenziell sind die ersten Suchergebnisse auch die Besten. Nach ein paar Mal Meditieren verinnerlicht man den Prozess und kann auf Hilfestellung oder Anleitungen verzichten.

Du wirst eine Wesensveränderung bei dir feststellen. Du fühlst dich stark, fokussiert, klar und ruhig. Du wirst feststellen, dass diese zehn Minuten (oder wie lange auch immer du dir dafür Zeit genommen hast) gut investiert waren. Versuche dir täglich zehn Minuten Zeit zum Meditieren zu nehmen, denn so wertest du dein Wohlbefinden deutlich auf.

Nun kannst du zu deinem Jochen sagen, dass du mit dir im Reinen bist, und er wird dir stillschweigend zustimmen.

7. Kapitel
Jochen auf Trab halten

Wie wir im vorherigen Kapitel gelernt haben, schlummert ein gesunder Geist in einem gesunden Körper. Das Eine bedingt das Andere, und jeder kennt das - denn bei Krankheit sind wir auch automatisch übellaunig, traurig oder unzufrieden. Es ist also ratsam, dass wir unseren Körper fit und gesund halten, so gut es geht.

Das beginnt bei der Ernährung, denn so führen wir uns täglich Gesundes oder eben Ungesundes zu.

Wir sollten darauf achten, dass unsere Mahlzeiten ausgewogen sind, indem wir versuchen, alle Lebensmittelgruppen in die Mahlzeiten einzubeziehen. Das bedeutet, dass wir Gemüse, Obst, Vollkornprodukte, Proteine (z.B. Fleisch, Fisch, Hülsenfrüchte) und gesunde Fette (z.B. Nüsse, Samen, Olivenöl) regelmäßig konsumieren sollten. Des Weiteren ist Wasser sehr wichtig. Halte dich an die Empfehlung, täglich etwa zwei Liter Wasser zu trinken und vermeide übermäßigen Konsum von zuckerhaltigen Getränken und Alkohol.

Reduziere Zucker und versuche stattdessen diesen durch natürliche Süßungsmittel zu ersetzen.

Achte auf die Größe der Portionen und versuche, nach Bedarf und nicht aus Gewohnheit zu essen. Höre auf deinen Körper und esse, wenn du hungrig bist, höre aber auch auf, wenn du satt bist (auch wenn die Mama damals gesagt hat, dass aufgegessen werden muss). Außerdem sollte man so oft wie möglich seine Mahlzeiten selbst zubereiten. Das gibt dir die Kontrolle über die Zutaten und hilft dir, gesündere Entscheidungen zu treffen.

Auch beim Essen gilt die Achtsamkeit. Nimm dir Zeit zum Essen, kaue gründlich und genieße jeden Bissen. Das hilft nicht nur bei der Verdauung, sondern auch dabei, das Gefühl der Sättigung besser wahrzunehmen.

Mit einer gesunden Vielfalt an Lebensmitteln stellst du sicher, dass du alle notwendigen Nährstoffe erhältst, die dein Körper braucht. An der Stelle cheate ich gerne und greife auf Nahrungsergänzungsmittel zurück, wie zum Beispiel eine Vitamin-Brausetablette in einem Glas Wasser, jeden Morgen. In dem du deine Mahlzeiten im Voraus planst vermeidest du Impulsiv-Käufe - mach dir eine Einkaufsliste!

So viel zum Thema Essen. Ich bin kein

Ernährungsberater und nehme das selbst oft nicht so genau (dem Lieferdienst sei Dank), aber eine grundlegende Struktur beim Essen ist definitiv wichtig und hilfreich.

Versuche Jochen beim Essen mit einzubeziehen. Du musst nicht für ihn mit eindecken, aber eine kleine Feststellung wie »Jochen, das war lecker!« reicht aus. Immerhin ist er Teil deines Lebens und es ist ratsam, auch in positiven Momenten deines Alltags mit ihm zu reden.

Vergiss nicht, dass Jochen nur eine Symbolfigur für dein Unterbewusstsein ist, und dieses wollen wir bewusst trainieren. Wir möchten es im besten Fall wie eine Back-Up-Festplatte behandeln, auf der die ganzen vielen schönen Fotos abgespeichert sind, aber natürlich auch die paar weniger gut getroffenen Bilder. Wir möchten unser Unterbewusstsein nicht nur mit negativen Dingen assoziieren, sondern es als Teil unseres Wesens wissen. Unser Unterbewusstsein, Jochen, ist ein praktischer und nützlicher Teil unseres Lebens, der wirklich mehr positive Aspekte bietet, als negative.

Kommen wir zu dem Thema, auf das wir uns am meisten freuen und welches wir alle lieben: Sport und Bewegung.

Ich weiß wohl am besten, wie hart es sein kann, den inneren Schweinehund zu überwinden und Sport in seinen Alltag zu integrieren. Kaum jemand hat die Kraft, sich nach einem anstrengenden Arbeitstag noch ins Fitnessstudio zu schleppen oder anderweitig sportlich aktiv zu werden. In meinem regulären Alltag gehe ich tatsächlich dienstags und donnerstags ins Fitnessstudio, jeweils etwa eine Stunde. Mir reicht das aus, da ich ohne Smartphone oder sonstige Ablenkung meine Übungen durchziehe. Aber es geht auch leichter.

Ich habe mich zusätzlich für Yoga entschieden, weil man es auch daheim machen kann, es Zeit spart und man keine Geräte oder Gewichte braucht. Es ist ganz einfach: Suche dir eine Anleitung für eine kleine Yoga-Übung. Ich benutze schon lange eine zehn-Minuten-Morgenroutine. Diese zehn Minuten kann jeder opfern und sie sind es absolut wert. Ich war anfangs auch stutzig, bis ich es einfach mal ausprobiert habe. Es war nicht so schwer wie ich dachte und ich fühlte mich hinterher richtig gut. Gedehnt, gestreckt und vital. Es gibt einem Kraft und Zuversicht.

Einen Tag später hatte ich höllischen Muskelkater, und das an Stellen, die ich noch nie zuvor gespürt habe. Aber es lohnt sich, wirklich.

In einem stressigen Berufsalltag zehn Minuten Zeit für Yoga und zehn Minuten Zeit für Meditation zu investieren, ist nicht zu viel verlangt. Es sind 20 Minuten am Tag, die jeder übrig hat und die eine schöne Balance zwischen Körper und Geist herstellen. Klingt nach einem guten Deal, oder?

Ich mache es wirklich so. Morgens zwacke ich zehn Minuten meiner Smartphone Zeit auf dem Klo ab und mache meine Yoga-Morgenroutine. Das gibt mir unglaublich viel Stärke und lässt mich mit positiver Energie in den Tag starten. Abends nehme ich mir nochmal zehn Minuten Zeit und meditiere, um meinen Kopf wieder auf die wichtigen Dinge auszurichten und mich klar zu fokussieren. Dazwischen esse ich mit etwas mehr Achtsamkeit und trinke mindestens zwei Liter Wasser täglich. Es braucht kaum Anstrengung oder Fachwissen für diese Dinge. Was ich beschrieben habe, ist völlig ausreichend. Ziehe das mal zwei Wochen durch und schaue, was sich verändert- du wirst begeistert sein.

Es sind wirklich einfache Änderungen, die sehr viel Sinn machen. Immerhin haben wir ja auch gelernt, uns Essen liefern zu lassen, also können wir auch wieder lernen, uns schnell was Gesundes zu kochen, was nebenbei gesagt auch viel schneller geht, als auf den Lieferdienst zu warten.

Damals bin ich sogar jeden Tag nach der Arbeit noch eine dreiviertel Stunde Fahrrad gefahren, vom Frühjahr bis zum Herbst. Ich war noch nie so fit. Selbst Jochen hatte Respekt und griff mich kaum noch an.

Bis auf einmal.

Ich hatte damals ein sogenanntes Fatbike, ein Mountainbike mit sehr dicken Reifen. Damit zu fahren war ziemlich anstrengend, da der Rollwiderstand der Reifen größer als bei einem gewöhnlichen Fahrrad war. Allerdings war es genau das, was ich wollte, denn eine Strecke von zehn Kilometern in 45 Minuten war genug, um mich auszupowern. An einem sonnigen Samstagmittag beschloss ich, eine etwas größere Tour zu einem Baggersee zu machen. Mit einer App fürs Smartphone berechnete ich eine Route, die mir knapp dreißig Kilometer für die gesamte Tour anzeigte. Mit einer kleinen Flasche Wasser ausgestattet radelte ich bei fast dreißig Grad los. Anfangs war alles super und ich kam gut vorwärts, bis an einigen Stellen im Wald der Empfang meines Smartphones einbrach und ich die Route nicht mehr fand. Dieses Fatbike hat übrigens sehr dazu eingeladen, querfeldein zu fahren, was ich dann auch tat, denn grob kannte ich ja die Richtung. Von gut befahrbaren Waldwegen war ich weit entfernt und radelte über Stock und Stein. Die einzige Orientierung, die ich noch hatte, war eine weit entfernte Autobahn. Nach etwa zwei Stunden wich der waldige Boden zunehmend Sand und ich strampelte mir buchstäblich einen ab. Zwar war ich mir sicher, den See bald zu erreichen, hatte allerdings keine Ahnung, wo ich genau war. Diese dicken Reifen durch den weichen Sand zu treiben war ein Kraftakt. Der Schweiß rann mir in Bächen über die Haut und meine Lunge röhrte wie eine Seekuh in der Brunftzeit. An einem kleinen schattigen Plätzchen hielt ich schließlich an, ließ das Bike zu Boden fallen und leerte die kleine Wasserflasche in einem Zug. Es war ein Tropfen auf dem heißen Stein. Ich war also orientierungslos und ohne Wasser, bei dreißig Grad und hatte nur das anstrengend zu fahrende Proll-Fahrrad. Weit und breit war keine Menschenseele, ich konnte nicht mal im Ansatz Geräusche der Zivilisation hören. Dann ging es los. Das Herz schlug plötzlich anders als zuvor. Meine Hände wurden eiskalt und zitterten. Ich dachte, ich hätte einen Hitzschlag. Mein Smartphone hatte immer noch keinen Empfang, also setzte ich mich auf den Boden und atmete tief und fest, ein und aus. Kurzzeitig war ich mir wirklich sicher jeden Moment umzukippen, doch das passierte nicht. Das Pochen in meinen Schläfen beruhigte sich langsam, das Hämmern in der Brust wurde weniger und die Hände wurden langsam wieder warm. Ich war mir sicher, dass der halbe Liter Wasser gerade noch rechtzeitig kam und das Schlimmste verhindert haben musste. Dann vernahm ich Kinderlachen. Es war weit entfernt, aber es war da. Ich sprang auf, nahm mein Fahrrad und schob es einige Meter durch den Sand. Um mich herum war nur Schilf, einige kleine Bäume und vor mir eine Düne. Ich sprang auf das Bike, legte den ersten Gang ein und strampelte die Düne hoch, um mir einen guten Ausblick zu verschaffen. Ein Stück weiter war dichtes Gebüsch, gefolgt von Wald und Kinderlachen. Ich trat in die Pedale und ließ mich die Düne hinabrollen. Ich zog den Kopf ein, knallte durch das Gebüsch und kam auf der anderen Seite heraus wie ein Gestrandeter, übersät mit kleinen Ästen, Blättern und Kratzern. Ich stand auf einem schönen Fahrradweg und wurde von einigen Omis und Opis bestaunt. »Wo kommen Sie denn her?«, fragte mich eine alte Dame mit Fahrradhelmen und lachte. Ich entgegnete »Ich weiß es nicht so recht« und musste auch lachen. Selten war ich so froh, andere Menschen zu sehen. Eine Mutter verbot ihrem Kind in das Loch zu fahren, das ich im Gebüsch hinterlassen hatte. Ich erkundigte mich grob nach dem Weg und radelte los. Der Rückweg lief gut und einfach, eine Stunde später war ich zuhause. Ich legte mich auf den kühlen Fliesenboden und dachte darüber nach, was mir passiert war. Ich erkannte den kleinen Vorfall nicht als Panikattacke, bin mir aber heute sicher, dass es eine war. Nichtsdestotrotz fühlte ich mich gut. Ich hatte die Tour gemeistert.

Sport hat nicht nur einen Effekt auf unsere Physis, sondern auch auf unsere Psyche. Wir fühlen uns gesund und stark, wenn wir eine sportliche Leistung vollbracht haben. Das ist sehr wichtig für unser Gehirn, denn wenn wir uns gesund fühlen, hat Jochen weniger Angriffsfläche.

Es ist wirklich nicht schwer, ein klein wenig Fitness und Bewegung in den Alltag zu integrieren. Das Problem ist eher, dass man es auch wollen muss. Wer Lust auf Sport in Gesellschaft hat, der soll ins Fitnessstudio gehen. Man kann Kurse besuchen und gemeinschaftlich trainieren, außerdem bietet es die gute Gelegenheit, neue Kontakte zu knüpfen. Es gestaltet sich einfacher, wenn man ein paar Leute hat, die genauso ihren inneren Schweinehund überwinden müssen. Wer nicht an Kursen teilnehmen möchte, kann sich auch einfach an den Geräten austoben. Jedes Fitnessstudio hat ausgebildete Trainer, die einem in einer Probestunde alles zeigen, was fürs Training relevant ist. Das ist sehr wichtig, denn falsch trainieren sollte man nicht. So mache ich es persönlich sehr gerne, denn ich habe meine Ruhe und kann Stück für Stück meine Übungen machen, ganz für mich alleine.

Man muss wirklich keine Sportskanone sein oder werden, es geht nur um ein bisschen Fitness und Gesundheit. Bewegung hat einen positiven Effekt auf unseren Körper und Geist. Selbst kleine sportliche Episoden können helfen, wenn man keine Lust auf ein Fitnessstudio hat. Wenn möglich, sollte man mal die Treppe benutzen, anstatt den Aufzug. Anstatt an der üblichen Haltestelle in den Bus zu steigen, laufe mal bis zur Nächsten und steig erst dort ein, oder steig eine Haltestelle früher aus und gehe den Rest zu Fuß. Lass das Auto mal stehen und laufe kleinere Wege oder fahre mit dem Fahrrad, du wirst dich wundern, was du an Sprit sparen kannst, und auch dein Körper wird es dir danken.

Es sind wirklich nur ein paar kleine Handgriffe

im Alltag, ein paar winzige Korrekturen, die dir helfen werden, dich besser zu fühlen. Anfangs bedarf es vielleicht etwas Mühe und Kontrolle, aber wenn man sich einmal daran gewöhnt hat, ist es auch wieder Alltag. Man braucht kaum mehr Zeit, denn es ist alles eine Frage der Organisation. Einmal eingerichtet, läuft es wie von selbst.

Du willst ja etwas ändern, und das gehört dazu. Ich erzähle dir von meinen Fortschritten und Methoden, die mein Wohlbefinden gesteigert haben, aber am Ende ist es dein Leben.

Es ist wirklich einfach und bringt dir so viel. Lass es anfangs eine Stunde sein, die du täglich in dich investieren musst. Ein paar Minuten Yoga am Morgen, ein paar Minuten Meditation am Abend und etwas mehr Zeit für das Zubereiten von gesundem Essen. Nach kurzer Dauer verselbstständigt sich der Prozess und es ist vielleicht nur noch eine halbe Stunde täglich, die du in dich selbst investierst. Aber denke immer daran, dass jeder Handgriff, alles was du tust, dir zu Gute kommen wird. Mach lieber zehn Minuten Yoga am Morgen, als dich stundenlang tagsüber schlecht zu fühlen. Meditiere lieber zehn Minuten abends, anstatt stundenlang wach im Bett zu liegen und schlechte

Gedanken kreisen zu lassen. Es sind die kleinen Dinge, die sich mit etwas Geschick in den Alltag integrieren lassen, die dein Leben immens bereichern werden.

Du wirst einige der lustigen Influencer plötzlich verstehen und genauso schön und leicht durchs Leben gehen können. Dein Körper wird es dir danken und dein Geist wird sich erholen.

Ich habe mit diesen kleinen Anpassungen meines Alltags große Fortschritte gemacht. Allein der Gedanke an Gesundheit durch ausgewogene Ernährung und ein bisschen mehr Bewegung hat mein Mindset extrem beflügelt. Man spürt, dass man sich etwas Gutes tut und fühlt sich unbesiegbar. Du wirst dich stark und vital fühlen und eine gesteigerte Lebenslust verspüren. Der Drang nach Verbesserung beginnt mit der Veränderung, und das ist meist nur ein kleiner Schritt. Verzichte mal auf das Feierabendbier oder den Griff in die Chipstüte am Abend. Eine leichte und ausgewogene Mahlzeit tut dir gut und wird das Bedürfnis wecken, mehr zu machen.

Es ist wie beim Gespräch mit Jochen. Du wirst erstaunt darüber sein, wenn du ihn das erste Mal in die Schranken verwiesen hast, denn du weißt plötzlich über die Macht, die in dir schlummert. Mit einem ersten Schritt wird vieles leichter, denn es zeigt dir, dass Zustände veränderbar sind.

Du hast dir vieles unbewusst antrainiert, was dann zur Gewohnheit wurde. Kleine Marotten, Spleens oder auch Denkweisen. Aber so wie du Dinge lernst, kannst du sie auch gezielt wieder verlernen. Dein Alltag mit Jochen muss kein Bund fürs Leben sein, denn du kannst ihn wieder loswerden. Er kommt vielleicht ab und zu mal vorbei und schaut nach dir, aber du wirst wissen, wie du mit ihm umzugehen hast. Sieh es wie eine Art Ex-Partner, der dich alle paar Jahre mal anrufen wird, um zu schauen, was du so treibst. Du wirst das Telefon abnehmen müssen, aber kannst ihm sagen, wie gut du dich fühlst und dass du längst über ihn hinweg bist.

Jochen ist ein Quälgeist, keine Frage, aber wie mit so vielen unliebsamen Dingen im Leben werden wir auch hier lernen, wie wir damit zurechtkommen, und schlussendlich wird es uns gut gehen.

8. Kapitel
Bitte um Hilfe

Ich war der Meinung, mein Problem erst seit einigen Jahren zu haben. Bei genauerer Betrachtung allerdings fiel mir auf, dass es schon sehr viel länger mein unliebsamer Begleiter war.

Ich wurde gerade volljährig und besuchte eine weiterführende Schule, die mit öffentlichen Verkehrsmitteln zu erreichen fast eineinhalb Stunden dauerte. Ich musste um kurz nach sechs Uhr morgens den ersten Bus aus meinem kleinen Dorf nehmen, um in die nächstgrößere Stadt zu kommen. Das dauerte etwa zwanzig Minuten. Dort stieg ich am Busbahnhof um und fuhr noch einmal knapp eine Stunde. Es war ein furchtbar weiter Weg den ich in Kauf nahm, nicht zuletzt, weil meine berufliche Zukunft davon abhing. In dieser Zeit lernte ich eine Menge neue Leute kennen und entwickelte mich enorm weiter. Das, was anfangs für mich nur Schule bedeutete, formte sich zunehmend zu dem Begriff Zukunft, und damit stieg in mir die Besorgnis.

Das erste Halbjahr lief gut für mich, doch dann wurde es kompliziert. Ich stieg morgens am

Busbahnhof in den leeren Bus der Linie R51 und die freie Platzwahl war wie immer ein Segen. Mit jeder angefahrenen Haltestelle wurde der Bus voller, bis er bei gut der Hälfte der Strecke wirklich rappelvoll war. Das hatte mich eigentlich nie gestört, bis zu diesem einen Morgen. Mit Kopfhörern im Ohr schaute ich verträumt aus dem Fenster in die graue Tristesse des Münsterlands und hörte Musik, als mein Herz plötzlich zu hämmern begann. Meine Hände wurden von Kaltschweiß geflutet und ich schaute mich nervös um. Der Bus war brechend voll mit Schülern. Ich hatte ein Gefühl im Magen, als ob ich mich gleich übergeben musste, also drückte ich den Halteknopf und stieg kurzerhand aus dem Bus aus. Die Kopfhörer hingen am Kabel zu Boden und ich las das Schild der Bushaltestelle, um herauszufinden, wo ich überhaupt war. Dass sich mein Herzschlag langsam beruhigte schob ich auf die frische Morgenluft. Ich stand da, irgendwo in der bäuerlichen Prärie gut zwanzig Minuten von meiner Schule entfernt. Eine halbe Stunde später stieg ich in den nächsten Bus, der zum Glück nur halb voll besetzt war und fuhr die letzten Kilometer leicht unruhig bis an mein Ziel.

Ich ging nie zu spät ins Bett und hatte regelmäßig etwa sieben Stunden Schlaf.

Meine Mutter gestaltete mir die Morgenroutine immer sehr angenehm und richtete mir Frühstück, während ich im Bad war. Das ist keineswegs selbstverständlich um kurz nach fünf Uhr morgens. Auch der Fernseher lief, wenn ich ins Wohnzimmer kam, denn zu der Uhrzeit lief immer die Ren & Stimpy Show, was mir morgens schon regelmäßige Lacher bescherte. Ich verließ das Haus also immer relativ ausgeruht, wohl genährt und mit einer ersten Prise guter Laune.

Als sich dieses Ereignis kurz darauf wiederholte, begann ich mir Sorgen zu machen. Ich verzichtete auf meine erste Zigarette an der Haltestelle, doch es kam wieder. Nach zwei Wochen fand ich heraus, dass ein Bus einer anderen Linie auch zum Ziel fuhr, und das in nur 25 Minuten. Da ich beim Umsteigen länger warten musste sparte ich keine Zeit, aber dafür war ich nicht mal halb so lang im Bus gefangen. Wenn ich mich auf den Platz direkt hinter den Fahrer setzte und die ganze Zeit starr aus dem Fenster in die Ferne blickte, war die Fahrt unter Anspannung auszuhalten. Komischerweise ging es mir immer nur morgens schlecht, nie nachmittags auf dem Rückweg.

Die Situation wurde nicht besser und ich musste

schließlich auch aus dem anderen Bus aussteigen, um kurz darauf den nächsten zu nehmen. Das konnte kein Dauerzustand sein, zumal ich ständig zu spät zum Unterricht kam. Ich erzählte meinen Eltern davon. Es folgte ein Besuch beim Hausarzt (den ich damals höchstens einmal im Schaltjahr sah, denn ich war wirklich NIE krank).

Der Hausarzt untersuchte mich, nahm mir Blut ab und konnte - oh Überraschung - nichts finden. Ich wurde an einen Neurologen überwiesen und bekam sogar schnell einen Termin.

Ich weiß noch ganz genau, wie ich für ein Elektroenzephalogramm (EEG) dutzende Sensoren mit Kabeln auf dem Kopf hatte und mir dabei merkwürdige Bilder anschauen sollte. Ein Ergebnis habe ich nie bekommen.

Meine Eltern fragten mich in aller Ruhe, ob ich irgendetwas nehmen würde, ob ich mit Drogen zu tun hätte, was ich (ehrlich) verneinte. Ich hatte also ein Problem, das niemand benennen konnte, und das machte mich wahnsinnig. Es ging so weit, dass ich die Minuten zwischen den einzelnen Haltestellen auswendig wusste und somit auch die mit der längsten Distanz, in der ich nicht aussteigen konnte, wenn das nötig gewesen wäre. Es war jeden Morgen ein Kampf für mich zur Schule zu kommen, denn ich musste ständig aussteigen.

Einige Wochen später saß ich mit Freunden an einem Freitagabend zusammen. Die Stimmung war ausgelassen und es gab ein paar Bierchen. Das aktuelle Gesprächsthema ließ es zu, also erzählte ich von meinem Problem.

Ein Freund von damals fragte mich: »Du musst also jeden Morgen einmal aus dem Bus aussteigen, weil du denkst, du müsstest kotzen?«, was ich bejahte. Und dann kam die Hilfe, die ich so sehr gebraucht hatte.

Mein Kumpel sagte:

»Dann kotz doch einfach. Ist doch lustig.«

Ich war perplex. Wie konnte mir ein kleiner Satz mit so wenig Inhalt dermaßen viel Kraft geben?

Ich hatte das hinterfragt, und er meinte nur: »Ja mein Gott, lass es doch einfach drauf ankommen, im schlimmsten Fall kotzt du dahin, und dann? Was soll passieren. Lach drüber und fahr weiter.«

Ich war geheilt.

Die letzten acht Wochen Schule konnte ich tatsächlich problemlos Bus fahren, ohne auch nur einmal aussteigen zu müssen.

Der Fakt, dass dieses Phänomen nur morgens, also auf der Hinfahrt, auftrat, ließ mich zu dem

Schluss kommen, dass es eine Reaktion auf die Schule selbst war. In diesem ersten von drei Jahren schulischer Ausbildung war mir klar geworden, dass das nicht meine Zukunft sein sollte. Ich hatte mir schlicht und ergreifend etwas anderes erwartet. Ich beließ es bei dem einen Jahr und brach die Ausbildung ab.

Seitdem hatte ich nie wieder Probleme beim Busfahren.

Ich hatte sehr lange Zeit nicht daran denken müssen, aber es fiel mir beim Reflektieren meiner aktuellen Situation wieder ein und entpuppte sich als ein wertvolles Puzzlestück.

Mein Unterbewusstsein hatte mit dieser schulischen Ausbildung etwas derart Negatives verknüpft, dass mir jeden Morgen auf dem Weg dorthin schlecht wurde.

Es war nicht nur Übelkeit, es war regelrecht Panik, die mich überkam. Damals wusste ich das nicht, und ich wusste nicht einmal was eine Panikattacke überhaupt war. Für mich war das Kapitel beendet, als ich mich dazu entschlossen hatte, die Schule hinzuschmeißen, aber heute zeigt es mir wieder sehr deutlich, was das Gehirn mit einem machen kann. Selbst wenn man nicht genau weiß, was einen bedrückt oder dass einen etwas bedrückt, kann das Unterbewusstsein viel mehr daraus machen. Auf den ersten Blick bot sich mir damals keine andere Möglichkeit, also war ich davon überzeugt, diese Laufbahn zu Ende bringen zu müssen. Es ging ja schließlich um meine Zukunft, und meine Eltern wollte ich auch nicht enttäuschen. Mein Unterbewusstsein hat daraus echte Existenzängste gemacht und mich jeden Morgen darauf hingewiesen.

Dieser eine Satz meines Kumpels aber hat viel verändert. Zwar waren die Existenzängste noch da, aber meine Haltung war eine andere. Er hatte mir mit Leichtigkeit die Angst genommen, in dem er einfach sagte »Ist nicht schlimm. Ist doch witzig!« Es fühlte sich damals überhaupt nicht witzig für mich an, ganz im Gegenteil. Einige Male dachte ich im Bus, ich müsse sterben. Mit wackeligen Beinen habe ich mich durch die Schüler gedrängt und bin mit letzter Kraft der Situation entflohen. Natürlich hatte ich dann auch Angst, dass es wieder passieren würde, was mit Sicherheit das ganze Elend bestärkt hat. Es war eine wirklich bedrohlich wirkende Situation, aber mein Kumpel nahm ihr die Schärfe, in dem er sagte, dass ja nichts passieren könnte. Ich solle einfach lachen. Das war's.

Mit so viel unbeschwerter Leichtigkeit hat er mir den Gedanken ins Hirn gepflanzt, dass es in Wirklichkeit gar nicht so schlimm sei, und mein Hirn hat es geglaubt, verstanden und akzeptiert.

Als ich am darauffolgenden Montagmorgen wieder im Bus saß, Musik hörte und aus dem Fenster sah, erinnerte ich mich mit einem Lächeln an das, was mein Freund gesagt hatte. Was soll passieren? Ich saß in einem öffentlichen Verkehrsmittel, in dem ich mir jeden Morgen den Sitzplatz aussuchen konnte. Es wurde zwar etwas voll und eng, aber das sollte mich nicht umbringen. Ich trug eine Brustschwellung voll Selbstbewusstsein mit mir herum und hatte ein leichtes Grinsen auf den Lippen.

Nie wieder musste ich vorzeitig aus dem Bus aussteigen.

Natürlich habe ich mich gefragt, wie diese Erkenntnis mir heute nützlich sein könnte, und die Antwort ist denkbar einfach.

Was auch immer Jochen dazu bewegt, dir auf den Nerv zu gehen, es ist niemals so schlimm, dass du sterben musst.

Probleme haben wir alle mehr oder weniger, es ist eher die Frage, wie wir mit ihnen umgehen.

Du hast einen Mückenstich und damit zwei Möglichkeiten zu handeln. Die Erste ist, zu fluchen und zu meckern, dass dich das Vieh gestochen hat. Dann kratzt du den ganzen Tag daran herum. Die zweite Möglichkeit ist, dir zu sagen »Mich hat 'ne Mücke gestochen. Ok.« Das wars. Ohne weitere Wertung, ohne Groll und Emotionen. Der Stich wird dich nicht weiter stören. Natürlich lässt sich so ein Mückenstich nicht ganz mit wirklich großen Problemen vergleichen. Wie zahle ich meine Rechnungen, wieso werde ich nicht schwanger, warum wurde ich verlassen? Ein Problem beginnt immer mit einem ersten Gedanken, gefolgt von Zweifeln und endet im Gedankenkarussell. Je mehr über das Problem nachgedacht wird, desto schlimmer manifestiert es sich im Bewusstsein. Natürlich war mir damals nicht klar, was der Auslöser für meine Attacken war, aber ich wusste, dass ich Sorgen um meine Zukunft hatte. Und natürlich gibt es Sorgen, die wirklich begründet und einschneidend sind, aber mal ganz ehrlich: Sind sie es wirklich?

Ist das Problem mit einer Rechnung unlösbar? Nein. Man ruft den Gläubiger an, erbittet eine Ratenzahlung oder fragt, ob man einen Aufschub gewährt bekommt. In den meisten Fällen geht sowas.

Selbst bei so schwierigen Themen wie ein unerfüllter Kinderwunsch gibt es Möglichkeiten. Man redet mit einem Gynäkologen oder spricht mit dem Partner über andere Wege, wie zum Beispiel Adoption. So banal es klingen mag und so unlösbar manche Dinge auch scheinen mögen, irgendeine Lösung gibt es immer, und der erste Schritt dorthin ist die Kommunikation.

Wir haben gelernt, wie wir Jochen in Schach halten können, indem wir mit ihm reden. Es wird langsam Zeit, Jochen nicht nur zu fragen, was er im Augenblick will, sondern was der generelle Anlass seiner Besuche ist.

Für diesen Schritt ist es dringend ratsam, fachliche Unterstützung in Anspruch zu nehmen, zum Beispiel in Form einer Psychotherapie. Die eigenen Probleme selbst zu beheben kann durchaus schwierig bis unmöglich sein, deshalb bedarf es manchmal der Hilfe von Profis. Natürlich können wir selbstständig unsere Ernährung anpassen, etwas mehr Sport treiben oder ein Buch wie dieses zur Unterstützung lesen, aber das ist niemals ein Garant dafür, die tiefliegenden Sorgen und Ängste zu beheben. Anstrengende und langwierige Studiengänge gibt es nicht umsonst, genau wie die Menschen, die diese absolvieren. Leute werden gezielt darauf geschult, hinter die Kulissen schauen zu können und mehr als nur oberflächliche Strukturen zu erkennen (und im besten Falle zu beheben).

Ich selbst habe etwa ein Jahr der Gesprächstherapie hinter mir. Anfangs war ich skeptisch, weil ich zu oft davon ausgehe, alles besser zu wissen und meine Probleme selbst in den Griff bekommen möchte. Das ist aber ein Fehler, glaub mir. Ich habe mich mit meiner Therapeutin sehr gut verstanden, und in einigen Dingen hat sie mir wirklich die Augen geöffnet. Manches liegt nahe, doch man sieht es nicht, und manches liegt so tief im Verborgenen, dass es stundenlange Gespräche, Assoziationen und Rückschlüsse braucht, um es benennen zu können, aber diese Leute können das. Es kann unangenehm sein, über manche Dinge zu sprechen, aber die Therapeuten hören zu. Dafür sind sie da.

Meine Therapeutin hat einige Methoden versucht, um Licht ins Dunkel zu bringen, wovon natürlich nicht alle erfolgreich waren, aber überhaupt mal den Versuch zu wagen ist der erste Schritt der Besserung.

Tief verwurzelte Ängste kannst du nicht alleine besiegen. Mit den meisten Methoden werden diese nur kaschiert oder verdrängt. Das lässt sie aber nicht verschwinden, sie kommen wieder. Es ist wie ein böser Brief vom Finanzamt oder ein Strafzettel wegen Falschparkens - Man kann es in die unterste Schublade seines Schreibtischs legen und diese für immer verschlossen lassen, aber damit ist das Problem nicht behoben. Es wird ein neuer Brief kommen und dich darauf hinweisen, dass der Sachverhalt noch zu klären ist.

Selbst, wenn du alle Briefe verbrennst und mit neuer Identität auf einen anderen Kontinent auswanderst wird dich die Ursache, warum es überhaupt so weit gekommen ist, begleiten. Die Briefe sind die Panikattacken, und diese weisen dich auf ein Problem hin. Geh es an!

Dieses Buch soll dir helfen, mit der Situation der Panik ein wenig besser umzugehen, aber den Auslöser besiegt es nicht. Die von mir beschriebenen Methoden haben mir persönlich sehr geholfen, aber die medizinische Unterstützung durch die Psychotherapie hat die Wurzel des Problems freigelegt.

Auch in Momenten der Konfrontation, wenn du sagst, »Nee Jochen, jetzt nicht. Wir reden später«, wirst du den Brief irgendwann lesen müssen. Es kann dir zwar im Augenblick helfen, aber langfristig solltest du einen Arzt aufsuchen. Sprich mit deinem Hausarzt, sag ihm ganz unverblümt, dass du unter Panikattacken und Angstzuständen leidest, möglicherweise depressiv bist (oder was eben auf dich persönlich zutrifft) und frage ihn, ob er dir mögliche Ansprechpartner nennen kann. Bitte um Hilfe!

Natürlich sollte er auch eventuelle organische Ursachen abklären. In der Regel bekommst du dann eine Liste mit passenden Fachärzten ausgedruckt, an die du dich wenden kannst.

Dabei gilt es zu beachten, dass viele Psychotherapeuten eine lange Warteliste haben und/oder sich privat bezahlen lassen. In dem Fall gibt es aber auch Möglichkeiten zu tricksen: Rufe deine Krankenversicherung an. Die nennen dir Namen und Telefonnummern für zeitnahe Erstgespräche (sogenannte Akutbehandlungen) online oder in deiner Nähe. Manche funktionieren sogar telefonisch. Wenn du einen Therapeuten am Telefon hast, der dich vertrösten will, benutze das Wort „akut", so ist er/sie verpflichtet dir zu helfen. Natürlich sollte ein psychischer Ausnahmezustand vorliegen, aber du kannst im Notfall auch den Fuß in die Tür kriegen.

Eine Akutbehandlung besteht meistens aus 24 Gesprächseinheiten und muss nicht extra bei der Krankenkasse beantragt werden (jedoch kommt die

Versicherung für die Kosten auf). Eine Notfall-sprechstunde bekommst du überall, sollte der Facharzt/die Fachärztin allerdings keine Zeit für weitere Termine haben, wird dir eine schriftliche Empfehlung („Individuelle Patienteninformation") ausgestellt, mit der du dich an andere Psychotherapeuten/innen wenden kannst. Es kann sehr anstrengend und frustrierend sein, zig Ärzte anzurufen und abgewimmelt zu werden, deshalb empfehle ich die Terminservicestellen der Kassenärztlichen Vereinigung. Diese Stellen sind verpflichtet, dir binnen zwei Wochen einen Termin zu besorgen. Sollten alle Stricke reißen, bekommst du einen Termin in einer Krankenhausambulanz.

Bei mir lief es folgedermaßen: Es gab einen Punkt, an dem ich nicht weiter wusste, also ging ich zum Hausarzt. Der untersuchte mich, druckte mir eine Liste mit zwanzig oder dreißig Fachärzten in der Umgebung aus und kreuzte ein paar davon an, die er empfehlen konnte. Ich bekam sofort mein Akut-Gespräch und die schriftliche Empfehlung, denn die Dame hatte keine weiteren freien Termine. In erster Linie schauen die Ärzte bei so einem Gespräch, ob du A oder B bist. A bedeutet, du bist akut gefährdet und musst sofort in Behandlung, B bedeutet, du brauchst Hilfe, die aber auch noch etwas warten kann. Auf meiner Empfehlung stand, dass meine Gemütslage akut sei und man mir schnellstmöglich helfen sollte. Bevor ich nun weitere Therapeuten anrufen sollte, die mir sowieso gesagt hätten, dass sie nur Privatpatienten nehmen oder eine dreijährige Wartefrist hätten, rief ich meine Krankenkasse an und sendete die schriftliche Empfehlung per Mail dorthin. Ich bekam umgehend Antwort und hatte von da an wöchentlich einen Online-Gesprächstermin von fünfzig Minuten pro Sitzung, fast ein Jahr lang. Für mich war das super praktisch, weil ich das Haus nicht verlassen musste und die Gespräche über meinen Computer und Webcam oder das Smartphone in Anspruch nehmen konnte.

An dieser Stelle muss ich auch mal ganz klar sagen, dass im deutschen Gesundheitssystem niemand hängen gelassen wird. Ich bin wirklich zufrieden und dankbar, dass alles so reibungslos gelaufen ist.

Durch eine Therapie, und sei es eine einfache Onlinetherapie mit wöchentlichen Sitzungen, kannst du wirklich sehr viel über dich selbst erfahren. Es können alltägliche Marotten oder unauffällige Verhaltensweisen sein, Bruchstücke von Erinnerungen, wiederkehrende Träume oder ein bestimmtes Lied, dass dich seit Jahrzehnten nicht loslässt. Durch die lockeren aber professionellen Gespräche werden Informationen aus dir herausgekitzelt, bis das Puzzle schließlich ein stimmiges Gesamtbild ergibt. Vielleicht kommt eine verdrängte Erinnerung ans Tageslicht, vielleicht werden dir aber auch einfach die Augen für eine verborgene Sichtweise geöffnet. Es gibt viele Möglichkeiten, und du solltest sie zulassen. Lerne dich selbst neu kennen und beseitige das Negative in deinem Kopf.

Gehe den Dingen auf den Grund, öffne die Fenster zu deiner Seele und lass frische Luft hinein. Du wirst den Schritt nicht bereuen, versprochen.

Ich dachte immer, ich kenne die Gründe für mein mentales Unwohlsein, aber wäre zu schwach um sie endgültig loszuwerden. Meine Therapeutin erklärte mir im Laufe unserer Gespräche eine andere Sicht der Dinge. Manches kam scheinbar aus dem Nichts, aber schlug ein wie ein Molotow-Cocktail und erhellte den finsteren Raum in meinem Kopf.

Ein Satz davon war „Wer schläft, kann nicht sündigen". Ich werde nicht erklären, worauf sich das genau bezieht, aber es ließ mich einiges aus einer anderen Perspektive sehen und verschaffte mir

Klarheit. Einige ihrer Ansätze glichen einer Erklärung wie Dynamit, und die zündeten bei mir. Man kann sich für noch so clever halten oder sonst wie schlau sein - es ist nicht immer das Offensichtliche, das einen belastet, noch immer das absolut Ungeahnte. Es ist der Job einer Therapeutin/eines Therapeuten, genau das herauszufinden, und das wird dir helfen.

Dieses Buch soll dir die Angst vor der Angst nehmen, dir zeigen, wie du auf alltägliche Weise damit umgehen kannst, aber die Ursache wird es leider nicht aufklären oder heilen.

Sag dem Ursprung des Übels den Kampf an und wage den Schritt Richtung Aufklärung - es kann dein Leben verändern, denn du bist die beste Version deiner selbst und das Kostbarste in deinem Universum.

Behalte es dir bei, sei immer schön achtsam und vergiss nicht deine Dankbarkeit.

9. Kapitel
Taktile Ablenkung – Des Dämons Katzenspielzeug

Eine schöne und auch hilfreiche Unterstützung ist die taktile Ablenkung. Taktil bedeutet „die Berührung/das Ertasten/den Tastsinn betreffend", und genau darum geht es auch.

Die Haut kann uns helfen, Dinge zu spüren, die uns von schlechten Gedanken ablenken können. Das ist der Schritt, bevor wir mit Jochen reden, die Vorkehrung sozusagen. Um das zu verdeutlichen, erkläre ich als erstes den Gummiband-Trick.

Besorge dir ein Gummiband, das vom Umfang locker über das Handgelenk passt, ohne einzuschnüren. Wenn du merkst, dass unschöne Gedanken in dir aufkeimen und du dich auf Negativität konzentrierst, zieh an dem Gummiband und lasse es gegen die Haut schnipsen. Die Intensität steuerst du selbst, aber dieser kleine Schmerz, oder nennen wir es Reiz, holt dich aus dem Gedankenkarussell und lenkt deine Aufmerksamkeit auf die physische Realität. Man könnte auch sagen, es ist der kleine Peitschenhieb, der Jochen in die Schranken weist, bevor der sich überhaupt zu erkennen gibt. Das

Ganze nennt sich Distraktionstechnik und hat nichts mit Masochismus oder Selbstgeißelung zu tun, sondern ist vielmehr eine Verlagerung der Reize vom Psychischen zum Physischen. Kennst du zum Beispiel das Gefühl, wenn du gedankenverloren und ohne zu blinzeln in die Leere starrst und über etwas nachdenkst, und plötzlich holt dich etwas daraus? Es kann sich kurz anfühlen, als ob man aus einem Traum aufgewacht wäre. Das ist die Idee dahinter, nämlich das Gedankenkarussell zu stoppen und sich auf die Realität zu konzentrieren. Denn wir wissen mittlerweile, dass Gedanken durchaus die Macht haben, eine Realität zu erschaffen, die wir in manchen Fällen vermeiden wollen. Ein kleiner Reiz kann uns deshalb daran erinnern, sich aufs Hier und Jetzt zu konzentrieren, bevor eine alternative Realität erschaffen wird, in der wir uns nicht wohl fühlen.

Wenn ich beispielsweise längere Zeit über belastende Dinge nachdenke, schaffen meine Gedanken eine Welt aus zittrigen Händen, Unwohlsein, Übelkeit und schließlich Panik. Ein kleiner Schnips mit dem Gummiband erinnert mich daran, in meiner Welt zu bleiben, in meiner Realität. Man starrt ja auch nicht aus dem geöffneten Fenster, bis der Raum kalt ist, sondern schließt es rechtzeitig. Ich habe schon Leute gesehen, die ihre Fingernägel in die Haut drückten, um sich Ablenkung zu verschaffen, aber das kann man auch schöner umsetzen. Ich gebe zu, das Gummiband wird wohl kein Accessoire auf der Fashionweek sein, aber man kann es natürlich auch modischer gestalten. Ein Zopfgummi kann schon sehr viel ästhetischer aussehen, oder man sucht sich einfach ein schönes Armband nach seinem Geschmack aus, das man schnipsen lassen kann.

Es muss im Übrigen nicht unbedingt ein Schmerzreiz sein, der Ablenkung schafft. Unser Gehirn ist eine unglaublich komplexe Maschine - aber hast du dich schonmal gefragt, warum wir nicht spüren, dass wir Socken tragen? Achte mal darauf, wenn du das nächste Mal Socken anziehst. Du wirst merken, wie sie sich am Fuß anschmiegen, aber nur Augenblicke später ist das Gefühl weg. Warum? Weil unser Gehirn den Reiz ausblendet, sonst würden wir durchdrehen. Das gilt auch für die Brille auf der Nase, die Uhr am Handgelenk oder den Hut auf dem Kopf. Permanente Berührung wird von unserem Gehirn bei Zeiten ausgeblendet, um uns zu schützen, denn zu viele Berührungen würden zu einer Reizüberflutung führen. Schonmal eine Fliege im Raum gehabt, die ständig irgendwo auf deinem Körper landet? Genau das ist das Prinzip. Es ist einfach nur nervig, man schüttelt oder schlägt das betroffene Körperteil und fühlt sich gestresst.

Ein weiterer Tipp für Ablenkung ist das Kaugummi. Ein Freund von mir kaut sie präventiv den ganzen Tag, was bewirkt, dass er ein Gefühl der Aktivität und Sicherheit hat. Er ist gewissermaßen abgelenkt, ohne es zu merken. Ein weiterer Effekt ist die Aktivierung des Belohnungszentrums im Gehirn. Das schüttet das Glückshormon Dopamin aus. Ein doppelter Nutzen!

Nun ist unser Gehirn aber clever, denn wir können es assoziieren lassen. Beispielsweise wissen wir instinktiv, dass eine Fliege, die ständig auf der Stirn oder dem Arm landet, nervig ist. Wir wissen aber auch, dass eine warme Bettdecke über uns Geborgenheit und Gemütlichkeit bedeutet, ohne dass wir sie an jeder Stelle des Körpers permanent spüren. Das kann man auch mit Schmuck erzeugen.

Ich hatte anfangs eine Kette, die ich immer nur zum Schlafen getragen habe. Ich wusste, wenn ich sie anlege, ist bald Schlafenszeit, und im Bett habe ich sie bewusst gespürt, auf der Brust oder mit den Fingern angefasst. Mein Unterbewusstsein hatte aktiv gespeichert, dass die Kette nun da ist. Ich konnte einschlafen, ohne zu viel nachzudenken. Und genau wie bei Socken, weiß das Gehirn, dass etwas da ist, ohne es permanent im Fokus zu haben. Das Unterbewusstsein speichert eine gewisse Ruhe und Sicherheit ab. Auch wenn ich aufwachte und merkte, dass meine Gedanken verkrampften, konnte ich den Stein der Kette anfassen und war sofort abgelenkt. Das hat wunderbar funktioniert und lässt sich natürlich auch auf den Alltag übertragen. Ich habe zwei wirklich schöne Armbänder mit kleinen Kugeln aus Onyx- und Obsidian-Heilsteinen, die ich immer trage. Es gibt mir ein Gefühl der Zufriedenheit und auch Sicherheit. Ich spüre die Armbänder schon relativ häufig und höre bei Bewegungen das leise Rascheln, was mich unterbewusst wissen lässt, dass ich sicher bin. Die Sache hat aber auch einen zweiten Effekt.

Nicht jeder glaubt an die Wirkung von Heilsteinen, viele halten es sogar für Hokuspokus, selbst ich sehr lange Zeit. Wie schon erwähnt, habe ich seit Beginn meiner Panikattacken so ziemlich nach jedem Strohhalm gegriffen, der mir irgendwie hätte helfen können. An Kristallen und Heilsteinen kam ich also nicht vorbei. Da mich das Thema doch irgendwie interessierte, führte ich mir einiges an Literatur zu Gemüte. Spannend dabei ist, dass es keine Zauberei ist, sondern Wissenschaft. Wir haben alle schon mal von Quarzuhren oder Computertaktung gehört. Ein sogenannter Schwingquarz kann eine elektrische Ladung erzeugen, die mit unglaublicher Präzision Schwingungen erzeugt. Immerhin werden Computerprozessoren damit betrieben, wieso also nicht auch unser Gehirn und den Körper davon profitieren lassen? Dabei gilt eine einfache Regel: Je reiner der Kristall, desto sauberer die Schwingung, die er erzeugt. Man kennt das vielleicht von der Uhr der Mikrowelle oder im Auto, die nach ein paar Monaten fünf Minuten falsch gehen. Diese haben einen minderwertigen Quarz, denn die Schwingung stimmt nicht exakt mit der Zeitperiode überein. Wir wissen auch, dass Magnetismus einen Einfluss auf uns Menschen hat. Manche Minerale, wie zum Beispiel Magnetit oder Hämatit, haben einen hohen Eisenanteil, und der lässt sie magnetisch wirken. Im Grunde hat alles, was eine Atomstruktur besitzt, eine Kernschwingung, und das hat einen Effekt auf die Umgebung, zum Beispiel uns Menschen.

Man muss nicht an Zauberkräfte bei Heilsteinen glauben, aber ihre individuellen Schwingungen haben genauso individuelle Einflüsse auf den Menschen und die Natur. Das erklärt, weshalb manche Pflanzen nur in bestimmten Gegenden wachsen oder uns Wasser aus dem Glas besser schmeckt als aus der Tasse.

Ich habe mich für ein Armband aus kleinen Onyx-Steinen entschieden, weil Onyx eine schützende Wirkung hat und Gelassenheit hervorruft. Ich wollte mir Stress nehmen und mehr Harmonie in mein Leben bringen. Und weil das so wunderbar funktioniert hat, bekam ich kurz darauf ein zweites Armband, und zwar mit Schneeflocken-Obsidian-Steinen, die eine erdende Wirkung haben und bei Ängsten und Depressionen eingesetzt werden. Ich liebe meine Armbänder wirklich sehr und habe ein bisschen tiefer dafür in die Tasche gegriffen, denn genau wie beim Uhrenquarz sollte man auf hohe Qualität achten. Während man einige dieser Schmuckstücke Online für zehn bis zwanzig Euro bekommt (wobei es sich oft um gefärbtes Glas handelt), zahlt man für hochwertige Steine einiges mehr. Aber es lohnt sich definitiv, denn es ist ein Investment in das eigene Wohlbefinden. Und ganz ehrlich, du schaust ein hochwertiges Schmuckstück auch ganz anders an, als eine billige Glasperle.

Bei Heilsteinen ist schon maßgeblich, wie sie gewonnen werden. Viele werden aus dem Berg gesprengt oder bei Arbeiten aus dem Boden geschaufelt, von minderbezahlten Arbeitskräften gereinigt und teuer an die westliche Welt weiterverkauft. Die Steine verlieren jedoch an Kraft dadurch. Selbst der schönste Bergkristall hat eine defekte Schwingung, wenn er mit Dynamit aus dem Felsen gesprengt wurde, denn was durch Gewalt verursacht wurde, manifestiert sich. Jede größere Stadt hat ein Geschäft, das Heilsteine und spirituelle Güter verkauft, und dort sitzen meistens Menschen, die sich gut damit auskennen. Einfach mal persönlich nachfragen, woher denn die Steine kommen, meistens gibt es Belege dafür. Ich habe meine über einen Onlineshop gefunden und gekauft, und bei jedem Schmuckstück war ein Zertifikat über Güte und Herkunft der Steine beigefügt. Und ganz ehrlich, man kann es fühlen. Ein hundert Euro Armband wiegt mehr und fasst sich haptisch anders an, als ein zehn Euro Armband. Auch die Lichtbrechung bei Kristall erzeugt einen klareren Regenbogen als bei Glas. Man hat einfach ein schönes Accessoire, das einer kugelsicheren Weste gleicht.

Die Vielzahl an Heilsteinen mag dich vor eine unüberblickbare Herausforderung stellen, doch so schwer ist das nicht. Allerdings sollte dir schon ein bisschen klar sein, woher deine Angst kommt. Natürlich brauchst du keinen ärztlichen Befund oder dergleichen, aber eine Ahnung, woher der Wind weht, ist schon wichtig. Hast du beispielsweise Verlustängste, Klaustrophobie oder Versagensängste und bist dir dessen bewusst, ist das schon ausreichend für die passende Wahl deines Heilsteins. Im Folgenden erkläre ich dir einige Heilsteine, die bei Panik und Ängsten angewendet werden und ihre Wirkung und wie du sie richtig benutzt und pflegst.

Rhodonit

Der Rhodonit gilt als äußerst wirksamer Heilstein für Ängste vor oder nach körperlichen und seelischen Verletzungen. In der Steinheilkunde wird er insbesondere als Notfallstein und als förderlich für die Wundheilung angesehen. Nach traumatischen Erlebnissen kann er zur Beruhigung eingesetzt werden, indem er dabei hilft, die Notwendigkeit von Maßnahmen besser zu erfassen, ohne dabei alte Erfahrungen zu vernachlässigen. Zudem kann Rhodonit als Begleitung in der Therapie zur Bewältigung tiefsitzender Traumata dienen, um einen festgefahrenen Kreislauf von Emotionen zu durchbrechen.

Um den Stein optimal zu pflegen, reinige ihn alle zwei Wochen unter fließendem, lauwarmem Wasser. Entlade ihn in einem Schälchen mit Hämatit Trommelsteinen über Nacht, aufladen kanns du ihn in der Sonne oder einer Amethyst-Gruppe.

Dumortierit

Dumortierit ist ein weiterer wertvoller Heilstein, der bei Ängsten und der Tendenz, sich anderen Menschen gegenüber zu verschließen, unterstützend wirkt. In der Steinheilkunde findet er Anwendung bei Nervosität, Stress, Ängsten und sogar Depressionen. Seine Eigenschaften sollen dazu beitragen, zwanghafte Verhaltensmuster aufzulösen und ein Gefühl von Leichtigkeit im Leben zu fördern. Aus diesem Grund wird er auch als „Take it easy"-Stein bezeichnet.

Es wird empfohlen, den Dumortierit wöchentlich unter lauwarmem, fließendem Wasser reibend zu reinigen und anschließend in einer Bergkristall-Gruppe aufzuladen. Ketten und Armbänder kann man über Nacht in Hämatit-Trommelsteinen reinigen und entladen.

Obsidian

Neben Rhodonit hat sich auch Obsidian als

wirksam bei Schockerlebnissen erwiesen. Obsidian, ein vulkanisches Glas mit verschiedenen Variationen, wird eingesetzt, um körperliche und seelische Blockaden zu lösen. Besonders der „Schneeflocken-Obsidian" hat sich in diesem Bereich bewährt.

Darüber hinaus werden Obsidiane auch bei Schmerzen („Regenbogen-Obsidian"), zur Förderung der Wundheilung („Goldobsidian") und zur Verbesserung der Durchblutung („Mahagoni-Obsidian") verwendet. Um aus einer Negativspirale auszubrechen, kann auch der „Rauchobsidian" (auch bekannt als „Apachenträne") hilfreich sein, so wie bei Verspannungen, Verstauchungen und Rückenschmerzen.

Alle Obsidiane sollten regelmäßig unter fließendem, lauwarmem Wasser entladen und gereinigt werden. Armbänder und Ketten über Nacht in Hämatit-Trommelsteinen entladen, außerdem mögen sie das direkte Aufladen in der Sonne oder über Nacht in einer Bergkristall-Gruppe.

Onyx

Auch der Onyx wird zur Bewältigung von Ängsten jeglicher Art eingesetzt. Vor allem in der

Steinheilkunde wird er empfohlen, um das Selbstbewusstsein und die Durchsetzungskraft bei ängstlichen und verunsicherten Personen zu stärken. Häufig geht der Angst eine schüchterne Unsicherheit voraus, die es anderen, selbstbewussteren Persönlichkeiten ermöglicht, sie zu manipulieren.

Je länger man sich in dieser untergeordneten Position befindet, desto belastender werden oft die schmerzhaften Anpassungsmechanismen. Daher kann eine allgemeine Stärkung des Selbstbewusstseins als erste Maßnahme zur Bewältigung von Ängsten sinnvoll sein. Onyx trägt außerdem dazu bei, die Sinne zu schärfen, insbesondere den Gehörsinn, die Nerven zu stärken, eine verbesserte Selbstkontrolle zu ermöglichen und nüchtern zu argumentieren.

Der Onyx wird genauso gepflegt wie der Obsidian, kann auch über Nacht in Erde oder einem Blumentopf aufgeladen werden.

Opal

Die große Gruppe der Opale wird als stimmungsaufhellend beschrieben. Insbesondere der grüne bis türkisfarbene Andenopal, auch bekannt als „Chrysopal", soll dabei helfen, Beklemmungen zu lösen und die Funktionen von Leber und Nieren zu stärken. Ein Gemisch aus Opal und Nontronit, bekannt als grüner Opal, wird empfohlen, um beängstigende Orientierungslosigkeit und das Fehlen von Lebensperspektiven zu überwinden. In der Steinheilkunde setzt man zudem die grünen Variationen des Opals bei starken Erschöpfungszuständen ein.

Opale sind sehr begehrt und edel, deshalb liegen sie im oberen Preisbereich. Da diese Steine sehr wasserhaltig sind, sollten sie regelmäßig unter fließendem Wasser gereinigt und sogar über Nacht in einer Schale mit Wasser aufbewahrt werden, um ihre Kraft aufzufrischen. Die Sonne ist ihr größter Feind, deshalb sollten Opale nie lange der direkten Sonneneinstrahlung ausgesetzt werden. Ketten und Armbänder können regelmäßig in Hämatit-Trommelsteinen entladen und in einer Bergkristall-Gruppe aufgeladen werden. Dennoch sollten Opale einmal im Mondzyklus mit Wasser in Berührung kommen.

Topas

Um das Selbstvertrauen, den Selbstwert und die Selbstachtung zu stärken, greift die Steinheilkunde oft auf den Topas in seinen verschiedenen

Varianten zurück. Insbesondere die blauen, braunen und pinkfarbenen Exemplare gelten als besonders nervenstärkend. Für eine Förderung des Stoffwechsels werden zudem farblose und gelbe Topase eingesetzt. Der „Goldtopas" und der orange leuchtende „Topas Imperial" sollen die Wahrnehmung besonders schärfen und die eigene Einzigartigkeit erkennen lassen. Bei Essstörungen werden diese beiden Topas-Varianten oft begleitend zur Therapie empfohlen. Ihre strahlenden Farben versprechen eine kraftvolle Möglichkeit zur Befreiung von depressiven und lähmenden Angstzuständen.

Auch Topase sind recht wertvolle Edelsteine im gehobenen Preissegment. Sie sollten daher wie Opale gepflegt werden und keiner direkten Sonneneinstrahlung ausgesetzt werden, da sie ihnen die Farbe entzieht. Am besten lädt man Topase über Nacht in einer Bergkristall-Gruppe auf.

Lapislazuli

Dieser Heilstein ist nicht nur als beliebter Schmuckstein bekannt, sondern kann auch bei schüchternen Menschen helfen, ihre Kontaktangst in Gesellschaft und großen Gruppen zu überwinden. Der blau schillernde Lapislazuli wird dafür eingesetzt, das Selbstbewusstsein zu stärken und eine offene Kontaktfreude zu fördern. Er wird oft als „Stein der Freundschaft" bezeichnet, da er dazu beitragen kann, zwischenmenschliche Beziehungen würdevoll und ehrlich zu gestalten.

In der Steinheilkunde wird der Lapislazuli auch für die Gesundheit von Nerven, Gehirn, Hals, Stimmbändern und der Schilddrüse eingesetzt. Daher wird empfohlen, ihn als kurze Kette oder Anhänger nah am Hals zu tragen.

Der Lapislazuli baut klischeehaftes Denken und Vorurteile ab und hilft bei Unehrlichkeit gegenüber sich selbst.

Je kräftiger seine blaue Farbe, desto stärker ist seine Wirkung. Auch der Lapislazuli sollte einmal im Mondzyklus unter fließendem Wasser gereinigt und in Hämatit-Trommelstein entladen werden. Er kann in der Sonne aufgeladen werden, doch effektiver lädt er in einer gewachsenen Bergkristall-Gruppe.

Larimar

Dieser zart türkisfarbene Pektolith erinnert bereits aufgrund seiner Farbe an den Himmel, das Meer und die Weite des Horizonts. Daher wird er oft mit einer befreienden Ausdehnung des Bewusstseins

assoziiert, die das Gehirn anregt. In Begleitung eines Larimars lernt man, offener auf Wahrnehmun-
gen zu reagieren, ohne sich dabei von diffusen
Ängsten überwältigen zu lassen.

Der Larimar kann dabei helfen, den beklemmenden Druck auf der Brust und den berüchtigten
„Kloß im Hals" aufzulösen, ebenso wie alte Muster
des Leidens und der Opferhaltung, unter den einla-
denden Schwingungen von Freiheit und Grenzen-
losigkeit.

Zusätzlich vermittelt der Larimar eine innere
Ruhe, die besonders in Zeiten angstauslösender
Veränderungen und emotionaler Achterbahnfahrten
von entscheidender Bedeutung ist. Die Steinheilkunde nutzt diesen Heilstein auch zur Förderung
der körperlichen Selbstheilungskräfte und zur Auf-
lösung energetischer Blockaden.

Dieser Heilstein ist äußerst selten und in seinen
Fundgebieten nahezu ausgebeutet. Stellt man far-
bige Veränderungen oder Flecken an diesem Stein
fest, muss er besonders gründlich gereinigt und gepflegt werden, da der Stein in diesem Zustand besondere Dienste für seinen Besitzer erarbeitet. Am
besten entlädt man ihn wöchentlich (bei starken
Verfärbungen täglich!) unter fließendem, lauwarmem Wasser. Larimar lädt sich sehr positiv an der

Sonne auf, allerdings sollte er nicht länger als ein bis zwei Stunden in der Morgen- oder Abendsonne liegen.

Rosenquarz

Rosenquarz wird oft empfohlen, um im gesellschaftlichen Leben offener zu sein. Dieser Heilstein hat die Fähigkeit, das Einfühlungsvermögen zu steigern und ermutigt dazu, über die eigenen Grenzen hinauszublicken, um sowohl die eigenen Bedürfnisse als auch die der anderen zu erkennen.

Für jene, die sich ungeliebt und einsam fühlen, kann der Rosenquarz das Herzchakra stärken und mehr Energie bringen. Darüber hinaus kann er helfen, diffuse Ängste zu überwinden, die zu emotionaler Verwirrung führen. Auf diese Weise kann ein harmonischeres Miteinander und Zusammenleben erreicht werden.

Diese sehr starken Steine sollten ein bis zwei Mal im Mondzyklus gereinigt werden. Ketten und Armbänder in Hämatit-Trommelsteinen entladen sowie in Bergkristall und Amethyst aufladen.

Der sehr seltene und kräftige Madagaskar-Rosenquarz muss nur einmal im Jahr gepflegt werden, da er ein immenses Energiepotential birgt. Man erkennt ihn an seiner Transparenz und an der kräftigen Farbe.

Amethyst

Für diejenigen, die sich trotz der Anwesenheit vieler Menschen einsam, nicht zugehörig oder unwillkommen fühlen, kann die Verwendung eines Amethysts dazu beitragen, diese Empfindungen zu klären. Es könnte sich zeigen, ob es sinnvoll ist, neue Kontakte zu knüpfen oder ob innere Kontaktängste die Teilnahme am gesellschaftlichen Leben beeinflussen.

Dunkelviolette Amethyste werden in der Steinheilkunde zur Bewältigung von Verlusten und lang anhaltender Trauer eingesetzt. Die dunklen Varianten sollen besonders effektiv sein, um Spannungsschmerzen zu lindern. Personen mit hohem Blutdruck können einen Amethyst als Begleitung zur Therapie verwenden, um sowohl körperliche als auch seelische Spannungen zu reduzieren.

Der Chevron-Amethyst, der violett-weiß gebändert ist, hat sich bei schwerem Kummer und anhaltenden Bindungen bewährt, die schwer loszulassen sind. Er soll eine beruhigende Wirkung haben, die auch Herz und Lunge stärken kann.

Der Amethyst ist in zahlreichen Formen als

Schmuck erhältlich und sollte regelmäßig in einer Schale mit Hämatit-Trommelsteinen gereinigt und entladen werden. Anschließend bekommt er seine Energie in einer Bergkristall-Gruppe oder einer Schale mit Bergkristall-Trommelsteinen wieder.

Bergkristall

In der Steinheilkunde wird der Bergkristall gerne als "Verstärker" genutzt, da er die Wirkung anderer Heilsteine intensivieren kann, um klarere Ergebnisse zu erzielen. Seine Fähigkeit, Erinnerungen zurückzubringen und eine neutrale Wahrnehmung zu fördern, macht ihn besonders geeignet für die "Ursachenforschung".

In Kombination mit einem Amethyst kann der Bergkristall dazu beitragen, die Gründe für innere Ängste noch besser zu verstehen. Ein sogenannter "Phantomquarz" symbolisiert insbesondere körperliches und seelisches Wachstum. Diese Variation des Bergkristalls kann helfen, Ängste und die daraus resultierenden Einschränkungen zu überwinden.

Der "Regenbogenquarz" hingegen wird zur Bewältigung von Trauer und Kummer eingesetzt. Er vermittelt ein freudigeres Lebensgefühl, das

Ängsten und depressiven Gedanken entgegenwirken kann.

Bergkristalle kristallisieren in ihren Spitzen männlich oder weiblich (rechts oder links gedreht), darauf ist zu achten! Frauen funktionieren gut mit männlichen und Männer gut mit weiblichem Bergkristall.

Regelmäßiges Reinigen tut dem Heilstein gut und bewirkt sogar, dass trübe Stellen oder Beschädigungen herauswachsen. Der Bergkristall entlädt sich wunderbar mit Hämatit-Trommelsteinen und die Sonne bringt ihm seine ganze Kraft zurück.

Moqui-Marbles

Diese Steine sind eine wahre Besonderheit, denn sie werden paarweise „geboren", weshalb sie von den amerikanischen Ureinwohnern auch lebende Steine genannt werden.

Da Moqui-Marbles sehr selten sind, werden sie in der Regel mit Zertifikat verkauft. Sie lindern Depressionen jeder Art, selbst Verborgene oder jene unbekannten Ursprungs.

Diese Steine sind dazu gedacht, ihre Besitzer vor negativen Einflüssen zu schützen, vor falschen Freundschaften zu bewahren und ihre Seele zu stärken. Sie sollen auch vor Gefahren wie Feuer,

Hochwasser und Blitzschlag schützen und dem Träger Willenskraft, Ausdauer, Durchsetzungsvermögen und seelische Stabilität verleihen. Zusätzlich haben sie die Fähigkeit, die Heilkraft anderer Heilsteine zu verstärken. Sie können dabei helfen, ungesunde Arbeitswut zu reduzieren und das Bedürfnis nach Genuss, Gemütlichkeit und Gesellschaft zu steigern. Sie lenken die Aufmerksamkeit auf grundlegende Bedürfnisse und verstärken den Wunsch nach Gesundheit und Erholung. Sie fördern ein leichtes Einschlafen und tiefen, erholsamen Schlaf. Sie lehren Geduld und Akzeptanz und ermöglichen es, Dinge geschehen zu lassen, ohne ständig zwanghaft handeln zu müssen. Die Moqui-Marbles eignen sich besonders gut zur Linderung von seelischen Erkrankungen, da sie zur Beruhigung innerer Unruhe und rastloser Bewegungsdränge sowie zur Heilung von Melancholie beitragen.

Da die Steine strikt paarweise gehalten werden müssen, sollten sie auch paarweise in Hämatit-Trommelstein entladen und in Bergkristall aufgeladen werden.

Die gleichzeitige Verwendung von Heilsteinen gibt oft Bedenken, doch in der Praxis zeigen sich Kombinationen aus verschiedenen Steinen mit unterschiedlichen Schwerpunkten oft als förderlich. Hier sind einige Anregungen aus individuellen Erfahrungen, die nicht als allgemeingültig betrachtet werden sollten:

Rhodonit und Topas
Wenn jemand große Angst vor einem Zahnarztbesuch hat, könnte die Kombination aus Rhodonit und Topas hilfreich sein. Rhodonit kann die Angst mindern, die durch Schmerzen und negative Erfahrungen entstanden ist, und innere Ruhe sowie Besonnenheit fördern. Außerdem unterstützt Rhodonit die Wundheilung auf körperlicher und seelischer Ebene. Der Topas hingegen fördert Selbstsicherheit und stärkt die Nerven.

Onyx oder Lapislazuli und Rosenquarz
Für Personen, die unter Kontaktängsten leiden, könnte die Kombination aus Onyx und Rosenquarz eine Option sein. Obwohl diese Steine normalerweise gegensätzliche Eigenschaften haben, kann ihre Kombination dazu beitragen, ein Gleichgewicht zwischen Selbstfürsorge (Onyx) und

Mitgefühl (Rosenquarz) herzustellen.

Der wahrheitsliebende Lapislazuli kann manchmal zu hart sein, weshalb eine Kombination mit beruhigenden Steinen wie Rosenquarz sinnvoll sein kann. Denn Freundschaft basiert nicht nur auf Ehrlichkeit, sondern auch auf Verständnis.

Obsidian oder Larimar und Bergkristall
Bei tief verwurzelten Leidenskonzepten kann es vorkommen, dass nach jeder positiven Erfahrung ein erneuter Rückschlag folgt, um das gerade empfundene Glück zu trüben. In solchen Fällen können Kombinationen wie Obsidian und Bergkristall oder Larimar und Bergkristall helfen. Obsidian kann dabei helfen, unbewusste innere Blockaden zu lösen, während der Bergkristall dabei unterstützt, diese Mechanismen zu erkennen.

Larimar kann dabei helfen, eine Opferhaltung zu erkennen und Selbstmanipulationen aufzudecken, die es erschweren, das Glück im eigenen Leben zu genießen.

Du siehst also, es gibt eine Vielzahl an Möglichkeiten. Im Grunde kannst du nichts falsch machen, und auch wenn du dir nicht zu hundert Prozent sicher bist, welcher Stein für dich der Richtige ist, kannst du es einfach mit dem naheliegendsten Stein ausprobieren.

Es geht dabei nicht darum, den passenden Schlüssel zum Schloss zu finden, sondern deinem Gemüt etwas Gutes zu tun. Du kannst dich an deinem Schmuckstück erfreuen, und diese Zuversicht wird dir ein Stück weit Sicherheit geben. Denk nur daran, wie viel du bist jetzt dazugelernt hast. Solltest du bis hierher alles umgesetzt haben, bist du gegen die Angst bis an die Zähne bewaffnet.

Lehre der Angst das Fürchten! Und frag doch mal Jochen, welchen Stein er wählen würde…

10. Kapitel
Das Qualia-Problem

An dieser Stelle möchte ich noch etwas auf das Thema Bewusstsein eingehen. Es ist hilfreich, über die mentalen Prozesse der Wahrnehmung ein bisschen Bescheid zu wissen, denn immerhin steuern diese unser ganzes Wesen.

Unser Leben wird bestimmt durch eine Vielzahl von Erlebnissen, Eindrücken und Emotionen. Die drei großen Eckpfeiler des Bewusstseins. Die erlebten Dinge erschaffen uns Eindrücke und erzeugen Emotionen. Kürzer kann man das Prinzip kaum zusammenfassen.

Mit etwa zwölf Jahren begann ich mich für Dinge zu interessieren, die abseits der Norm waren. Es mag vielleicht der Beginn einer prä-pubertären, idealistischen Phase gewesen sein oder auch die erste Rebellenhaltung, aber im Grunde war es wahrscheinlich die individuelle Art meines Wesens, die sich langsam entwickelte.

Durch meinen Freundeskreis lernte ich jegliche Arten der Musik kennen und stellte mir die Frage, was mir eigentlich selbst gefallen würde. In den Kindheitstagen beschränkte sich der eigene

Musikgeschmack auf das, was einem zugänglich war. So besaß ich zum Beispiel eine ABBA Kassette, die mir meine Schwester schenkte oder auch ein Best of Michael Jackson, was mir mein Schwager zukommen ließ.

Eines Tages stöberte ich in einem CD-Geschäft und entdeckte etwas, das meine Neugier weckte: Eine Zusammenstellung verschiedener Bands mit dem Namen „Crossing all Over". Bevor ich mein schwer erspartes Taschengeld zückte, las ich mir aufmerksam jedes Wort auf der CD-Hülle durch. Ich war maßlos angetan.

Rammstein, Guano Apes, Die Toten Hosen, The Prodigy bis hin zu Marilyn Manson waren ein paar der bekanntesten Namen, die mir ins Auge stachen. Lieder und Interpreten, die im Alternative-Bereich Geschichte schrieben und heute noch oft gespielt werden, wurden damals mit dieser Doppel-CD auf die Menschheit losgelassen. Die Neugier darauf war groß und ich musste die CD unbedingt haben, also kaufte ich sie.

Die nächsten Tage verbrachte ich damit, meine Lieblingslieder der zwei CDs in optimaler Reihenfolge von „überragend" bis zu „mittelmäßig" auf Kassette zu überspielen und neue Cover dafür zu zeichnen. Natürlich auch irgendwelche wilden, verschobenen Totenköpfe, wie auf der Original-CD abgebildet. Ich war so begeistert wie lange nicht mehr, was wohl daran lag, dass ich die CD selbstständig entdeckt hatte. Möglicherweise aber auch, weil ich den anderen Kram nur als Mitläufer genossen hatte und es nicht besser wusste, es ist beides möglich.

Einige Wochen später war ich mit meiner Schulklasse auf Klassenfahrt.

Während der Rückfahrt saß ich konsterniert aus dem Fenster starrend auf meinem Platz und ließ die letzten fünf Tage Revue passieren. Mit meinem Walkman hörte ich meine heiß geliebten Kassetten und ignorierte das wilde Treiben im Bus, das Gebrüll und die Späßchen, die meine Mitschüler veranstalteten. Ich wollte für mich sein und Musik genießen. Plötzlich setzte sich ein Mädchen aus meiner Klasse neben mich - ausgerechnet die, die ich insgeheim schon immer süß fand. Sie trug einen Kopfhörer mit Bügel auf dem Kopf. Diese In-Ear Kopfhörer gab es damals noch nicht so massig.

Sie nahm sich meinen Kopfhörer und tauschte ihn mit ihrem aus, so dass ich nun ihre Musik hörte und sie meine. Bis heute weiß ich nicht genau, welche Lieder sie gehört hatte, aber ich hörte Alicia

Keys' erste Single „Fallin". So verging etwa eine halbe Stunde, in der wir stillschweigend die Musik des jeweils anderen hörten.

Irgendwann richtete sie sich auf, tauschte unsere Kopfhörer wieder zurück und lief nach ganz hinten, zur „Mädchenreihe". Dort saßen auf- und nebeneinander all die Schönheiten gequetscht, in die jeder Junge verliebt war. Ich glaube, ab diesem Zeitpunkt war ich es auch.

Es war für mich eine ganz besondere Art einer Erkenntnis. Dieser Moment zeigte mir so viele Dinge auf einmal, die wohl schon immer da gewesen waren, welche ich aber noch nie registriert hatte. Es hat mich Jahre gekostet, das im vollen Ausmaß zu verstehen. Gehen wir's an.

Wir haben verschiedene Sinnesorgane: Der Mensch ist in der Lage zu hören, schmecken, riechen, fühlen und sehen. Jeder dieser Sinne funktioniert bei jedem Menschen gleich. Ein Reiz wird aufgenommen, über die Nervenbahnen bis zu den Synapsen zum Gehirn geleitet und dort verarbeitet. Das Gehirn erzeugt eine Emotion oder Reaktion darauf. Das ist sogar messbar. Was allerdings nicht messbar oder nachvollziehbar ist, ist die eigene, subjektive Wahrnehmung. Völlig gleich, um welchen Sinnesreiz es geht, jeder Mensch nimmt ihn anders wahr. So verhält es sich zum Beispiel mit Musik. Drei Personen in einem Raum hören die Ode an die Freude. Alle nehmen also den gleichen Reiz wahr, aber mit unterschiedlichen Emotionen. Der einen Person gefällt die Musik, der Anderen gefällt sie nicht.

Über Geschmack lässt sich nicht streiten. Oder besser: Über Geschmack braucht man nicht zu streiten.

Jedem Menschen steht völlig frei was er mögen kann. Es ist unsinnig, eine sachliche Diskussion über Geschmäcker zu führen, da jeder Mensch eine eigene, subjektive Wahrnehmung und damit eigene Vorlieben für Stilempfinden und Ästhetik besitzt.

Diesen subjektiven Erlebnisgehalt von geistigen Zuständen nennt man in der Philosophie „Qualia".

Qualia sind ein Phänomen des eigenen Bewusstseins in einem bestimmten mentalen Zustand. Dabei geht es nicht nur darum, wie man etwas wahrnimmt oder erlebt, sondern auch, wie wir uns in gewissen Situationen fühlen. Jeder kennt das -

Man riecht an einem alten Pullover und denkt an vergangene Zeiten. Wehmut macht sich breit. Man sieht ein Bild einer Person und findet diese hübsch, gleichzeitig fühlt man sich auch so. Man kommt an

Weihnachten zu seinen Eltern und der gleiche Geruch nach frischen Plätzchen liegt in der Luft, wie man ihn schon vor zwanzig Jahren wahrgenommen hat. Man wird vielleicht sentimental, aber fühlt sich dennoch heimisch. Es gibt zig Beispiele. Qualia bewirken etwas bei uns, das wir nur schwer vermitteln können. Manchmal nehmen zwei Personen den gleichen Reiz wahr, interpretieren ihn gleich aber verbinden damit etwas anderes. Beispiel Plätzchen: Person X denkt an die schönen Weihnachtsfeste von damals, Person Y denkt an die einsamen Weihnachtsfeste im Kinderheim, aber beide riechen den gleichen Duft.

Manche Menschen mögen Salbei, andere mögen ihn überhaupt nicht.

Menschen empfinden Schmerz unterschiedlich, so zum Beispiel beim Impfen oder dem Stechen einer Tätowierung. Schmerz als Quale ist keine Notwendigkeit, sondern ein individuelles Empfinden.

Luis Armstrong (die Jazzlegende) wurde einmal gefragt, was Jazz sei. Er antwortete, »Wenn du schon fragen musst, wirst du es nie verstehen.«

Warum sind Qualia ein Problem?

Weil sie wissenschaftlich nicht zu erfassen sind. Jeder hat eine andere Meinung, jeder sieht sie anders. Wenn ich dich jetzt bitte, mir eine E-Mail zu schreiben, was du von grüner Raufasertapete hältst, müssten wir nicht nur eine Diskussion starten, ob grün oder lieber weiß, sondern auch, ob man nicht Vinyltapete nehmen sollte oder einfach mit Klarlack streicht.

Es finden also auch noch Faktoren der Umgebung und äußerlichen Gegebenheiten Anwendung auf das individuelle Empfinden, und da scheiden sich die Geister. Es gibt irgendwann Dinge, die kann man nicht mehr in Worte fassen. Wenn du ein halbgefülltes Glas Wasser in der Hand hältst, und ich dich frage, ob das Glas halb voll oder halb leer für dich ist, aber du antwortest, »Das Glas ist kalt«, was dann?

Kommen wir nochmal auf die Busfahrt zurück. Mir wurde also klar, dass besagtes Mädchen lieber Soul-Musik mochte. Noch viel wichtiger war, dass sie anscheinend wusste, dass ich nicht die gleiche Musik wie alle anderen hörte. Sie kam ja aus freien Stücken zu mir und hat unsere Kopfhörer getauscht.

Ob ihr klar war, dass sie keinen Gangster-Rap zu erwarten brauchte? Oder wollte sie mir einfach nur ihre Musik zeigen und nahm dafür in Kauf, fünfzehn Minuten durch meine Musik gefoltert zu werden?

Ich denke, weder noch. Sie hat Interesse gezeigt und ich habe es nicht gemerkt, was den Lauf der Dinge erheblich verändern sollte. Sie wollte mir etwas von sich erzählen, aber ohne sich mit mir zu unterhalten. Sie hat Kontakt aufgenommen, in dem sie auf subjektiver Ebene mit mir kommunizierte. Vielleicht haben wir durch die Musik zwei unterschiedliche Sprachen gesprochen, aber doch eine gemeinsame.

Weiter zum eigentlichen Problem mit den Qualia:

Der Philosoph Thomas Nagel prägte zur Bestimmung der Qualia den Satz »...wie es ist, etwas zu sein oder zu spüren«. Da geht es aber schon los, denn diese Erkenntnis setzt voraus, dass man den Zustand der Qualia schon verstanden hat. Ein Teufelskreis, denn wenn jemand keinen Zugang zu Qualia hat, wird er auch nach dieser Definition nicht verstehen, was damit eigentlich gemeint ist (siehe Armstrong und der Jazz).

Ansgar Beckermann, einer der Hauptvertreter der Philosophie des Geistes, schreibt in seinem Buch „Analytische Einführung in die Philosophie des Geistes“:

»Und wenn jemand sagt, er wisse trotzdem

nicht, worin der qualitative Charakter etwa eines Geschmacksurteils bestehe, können wir diesem Unverständnis so begegnen: Wir geben ihm einen Schluck Wein zu trinken, lassen ihn danach ein Pfefferminzbonbon lutschen und geben ihm dann noch einen Schluck desselben Weins mit der Bemerkung: Das, was sich jetzt geändert hat, das ist der qualitative Charakter deines Geschmacksurteils.«

Dieses Zitat ist auch ein schönes Beispiel, wie es Menschen immer wieder schaffen, Dinge zu bewerten oder zu verurteilen, die sie gar nicht kennen.

Wir wissen zwar, wie unser Gehirn funktioniert, wenn wir sehen, wir wissen allerdings nicht, wie es funktioniert, dass wir einen bestimmten Eindruck vom Gesehenen bekommen. Das Bild fällt in Form von Licht auf unsere Netzhaut, wird über den Sehnerv zum Gehirn geleitet und dort in bestimmten Regionen verarbeitet. Eine Reihe äußerst komplexer Prozesse findet statt, um einen Sinn im Gehirn zu verarbeiten und wahrzunehmen.

Ein weiteres gutes Beispiel:
Während meiner jugendlichen Phase der Rebellion benutzte ich ein ganz spezielles Parfum. Es bestand zum größten Teil aus Patschuli, was einem Geruch

von Moschus, Sandelholz und Ähnlichem nahe-
kommt. Ich liebte den Duft, er war stark und mys-
tisch und man roch ihn noch an Kleidungsstücken,
selbst wenn sie frisch gewaschen waren.

Andere Menschen hassten den Duft und sagten,
es wäre eher ein Gestank.

Das hatte zur Folge, dass einige Menschen mich
absolut nicht mehr riechen konnten, sich sogar auf-
regten, wenn ich in ihrer Nähe war, aber andere
wiederum liebten den Duft. Ich denke da bloß an
eine ehemalige Arbeitskollegin meiner Mutter, die
abends manchmal den Geschäftsschlüssel bei uns
vorbeigebracht hatte und dann sagte, »Aber bevor
ich gehe, muss ich nochmal schnell an deinem Sohn
riechen!«. Ich fühlte mich geehrt und ein Stück weit
bestätigt.

Wir riechen also die gleiche Duftnote, aber nehmen sie anders wahr. Für den Einen stinkt es, für
den Anderen duftet es herrlich.

Wir müssen uns also die Frage stellen, was wir
wissen können. Dieser Ansatz ist essentiell für die
Philosophie und bringt uns zu dem Mann, der ihn
geprägt hat - Immanuel Kant.

In seiner „Kritik der reinen Vernunft" formuliert
Kant seine vier berühmten Fragen „Was kann ich
wissen?", „Was soll ich tun?", „was darf ich

hoffen?" und „was ist der Mensch?".

Diese Fragen sollen beantwortet werden durch Metaphysik, Moral, Theologie und Anthropologie. Er beschreibt, dass die ersten drei Fragen in der Vierten münden.

Aus philosophischer Sicht muss also bestimmt werden:
Was ist die Quelle des menschlichen Wissens, wie ist der Umgang des nützlichen und möglichen Gebrauch dieses Wissens und wo sind die Grenzen der Vernunft?

Das bedeutet schlichtweg, dass wir Menschen die einzige Spezies (auf diesem Planeten) sind, die überhaupt in der Lage ist, sich diese Fragen stellen zu können. Und doch sagt uns die Philosophie, dass wir keine Erkenntnis dazu erlangen können, ohne dafür beschreibende Worte zu finden. Da muss man sich nicht wundern, wenn man im Gedankenkarussell feststeckt.

Wir Menschen haben abseits des physischen Daseins noch das mentale Dasein, das haben wir nun zu Genüge festgestellt. Aber sind das wirklich unterschiedliche Dinge? Das Eine schließt das Andere nicht aus, denn das bekannte Leib-Seele-Problem ist gar kein solches. Da es nun mal keine

Signifikanz für Geisterwesen und dergleichen gibt, müsste es in Leib-Seele-Faktum umbenannt werden. Ohne Leib keine Seele, ohne Fleisch kein Wesen. Der Dualismus ist eine reine Fiktion des Monismus, der einzig möglichen Schlussfolgerung. Wenn ich denken kann, bin ich mir sicher, dass ich physisch existiere. Keine Notwendigkeit weiter in zwei Lagern zu denken. Das Wesen, die Seele oder wie man es auch immer nennen möchte, wird nach einem Ableben nicht weiter „denken". Also was ist der Mensch? Eine empfindsame, organische Maschine, bestehend aus Sensoren, Aktoren, Pumpen, Schaltkreisen und dem wohl leistungsfähigen Steuergerät, das der Menschheit bekannt ist.

Empfindungsqualität ist subjektiv und definitiv menschlich. Was der Mensch glaubt zu wissen, beruht auf einer gerechtfertigten, wahren Überzeugung. Die Wahrheit unterliegt meistens, da Mutmaßungen überwiegen. Was heißt das im Klartext?

Wir können niemals genau wissen, was wir wissen.

Wissen basiert auf einer eigenen Wahrheit. Selbst von uns Menschen geschaffene Naturgesetze basieren auf Mutmaßungen. Oder wer hat wie genau festlegen können, dass ein Zentimeter wirklich zehn Millimeter sind? Und dass dieser Millimeter

1000 Mikrometer groß ist? Natürlich, die Geschwindigkeit, welche das Licht in einer Sekunde im Vakuum zurücklegt - Aber jede Einheit beruht auf einer Schätzung, einer Festlegung innerhalb des menschlichen Verstands. Im 18. Jahrhundert wurden Längen zum Beispiel durch das vereinheitlichte Maß menschlicher Körperteile definiert. In den USA gilt sogar heute noch die Einheit „Fuß".

Hätte man beispielsweise zum Festlegen der Zeit auf der Erde ein kleines bisschen schneller gezählt, hätte eine Minute heute 100 Sekunden haben können. Zum Teil bestätigt sich dieses Gedankenexperiment auch durch den Aufenthalt auf anderen Planeten - aber die Zeit ist ja sowieso relativ.

Wir können also definitiv nur wissen, was wir glauben zu wissen. Wir wissen heute, was sehr schlaue Köpfe vor hunderten von Jahren glaubten zu wissen. Irgendwo bleibt Wissen also rein spekulative, althergebrachte Erkenntnis.

Laut dem erkenntnistheoretischen Realismus existiert eine von unserem Bewusstsein unabhängige Realität, und die können wir sogar erkennen. Und das sind Qualia. Wir wissen zwar, dass wir die Erdbeere schmecken, aber unser Gegenüber wird sie anders schmecken. Wir wissen auch definitiv,

dass wir Musik hören, auch wenn sie dem Gegenüber zu laut ist oder nicht gefällt. Auf eine bestimmte Art und Weise fühlen wir etwas, das jeder kennt. Sind Qualia physikalisch bestimmbar? Nein, vorerst nicht. Das Einzige, was wir bestimmen können, ist die Tatsache, dass jeder Mensch, solange sein Herz schlägt, individuelle Empfindungen erlebt. Ein Mensch zum Beispiel, der noch nie Trauer empfunden hat, kann nicht wissen, wie sich dieses Gefühl anfühlt, egal wie gut man es ihm erklärt. Und selbst wenn dieser Mensch dann plötzlich doch Trauer spürt oder erlebt, würden wir niemals erfahren, ob der qualitative Gehalt seines Empfindens ähnlich unseres eigenem ist. Oder noch banaler:

Das verliebte Pärchen (die alberne Liebe), welches sich gegenseitig hochschaukelt, wer denn wen mehr liebt. So etwas könnte nie geklärt werden, da jeder Mensch unterschiedlich emotional ist. Wir können schlicht und ergreifend nicht wissen, wie sich unser Gegenüber fühlt, aber vielleicht wird das ja die nächste Stufe der Evolution. Das Universum wird noch einige Überraschungen für uns bereithalten...

Wir wissen jetzt also definitiv, dass wir Menschen sind. Oder wir glauben das, weil jemand mal den Begriff „Mensch" so definiert hat. Im Endeffekt beruht das menschliche Wissen nur auf ein paar chemisch-neuronalen Prozessen, welche zugegebenermaßen schwer nachzuvollziehen sind. Wir können nur wissen, was wir selbst zu wissen glauben. Wir können niemals wissen, wie es sich für unseren Gegenüber anfühlt, er selbst zu sein.

Das ist Individualität. Das ist das eigene Wesen. Das ist Bewusstsein.

Und nach diesem Überfluss an Informationen, frag nun mal Jochen, wer er für dich ist.

11. Kapitel
Zu guter Letzt

Die Menschen sind schon eine merkwürdige Spezies. Wir geben Geld aus, das wir nicht haben, kaufen Dinge, die wir nicht brauchen, um Leute zu beeindrucken, die wir nicht mögen. Ein sympathischer kleiner Missstand. Aber genau das macht uns Menschen so einzigartig. Wir hinterfragen, reflektieren und sind emotional. Unsere Wahrnehmung steuert das Bewusstsein, und das macht jeden einzelnen von uns zu etwas Besonderem.

Die Chance für dich als Menschen, als Individuum, geboren zu werden, liegt bei nur etwa 1 zu 400 Billionen, wenn man alle Faktoren berücksichtigt. Dazu gehören nicht nur die vielen Millionen Spermien, gegen die du dich behauptet hast, sondern auch dass eben genau dieses eine Du-Spermium auf genau die eine Eizelle trifft, die nur existiert, weil seit Jahrhunderten Generationen deiner Vorfahren sich entgegen aller Widrigkeiten fortgepflanzt haben. Nicht zu vergessen die äußeren Umstände wie Klima, Umgebung, Genetik, sogar die aktuellen Umstände wie Gemütszustand und körperliche

Verfassung spielten eine Rolle, als genau du diese eine Eizelle befruchtet hast. Zusammen ergebt ihr das, was du bist und im Spiegel siehst – ein besonders seltenes Exemplar. Du müsstest mehrfach hintereinander mit den selben Zahlen im Lotto gewinnen, um eine ähnlich hohe Wahrscheinlichkeit zu erreichen. Und da haben wir philosophische und religiöse Faktoren noch gar nicht berücksichtigt, wie zum Beispiel das Schicksal.

Deshalb schau dich ruhig im Spiegel an, lächle und werde dir bewusst, wie besonders du bist! Dass die Welt genau dein Lächeln sehen kann, ist ein unfassbar großer Zufall, aber dass dieses Lächeln erwidert ist nicht sehr unwahrscheinlich. In uns ruht eine Kraft, die wir alle teilen, und das ist die Liebe. Manchmal schenken wir davon nur ein kleines Bisschen, vielleicht in Form eines Lächelns, manchmal schenken wir davon ganz schön viel, vielleicht in Form unseres ganzen Lebens. Auch wenn wir diese Vergabe irgendwann bereuen sollten, war sie doch nicht vergebens. Sie hat uns in diesem Moment, diesem Lebensabschnitt glücklich gemacht und uns das gegeben, was wir gebraucht haben.

Wir haben die Kraft um Gefühle zu empfinden – und das ist gleichzeitig auch unsere größte

Schwäche. Aber es macht aus uns das, was wir sind. Uns ist bewusst, dass wir existieren, dass wir ein Teil dieser Zeit sind. Wir wissen nun auch, dass in uns ein Jochen lebt, der uns fies auf Trab halten kann, obwohl er im Grunde nur für unseren Schutz sorgt. Wir haben die Gabe, uns über Dinge Gedanken zu machen denen wir etwas beimessen, was eben auch oft dafür sorgen kann, dass uns etwas Angst macht. Dabei wägen wir ab – Sind es die kleinen Dinge, die wir angehen und in die Tat umsetzen wollen, oder sind es die großen Dinge, die uns im ersten Augenblick abschrecken? Im Grunde macht das keinen Unterschied, denn wir sind umgeben von Möglichkeiten, und alles kann uns gehören. Wir verbringen zu viel Zeit damit uns zu fragen, was wäre, wenn…? Während du noch überlegst, machen andere einen Schritt vorwärts und probieren es einfach aus. Ängste sind immer subjektiv und auch so zu behandeln, denn eins wissen wir nun sicher: Das Potential ist für alle Menschen gleich, aber jeder erlebt es auf seine eigene Weise. Manche Menschen fürchten sich vor Armut, andere vor Spinnen, aber jeder erlebt es unterschiedlich. Wenn deine größte Angst die Höhe ist, warum stört es mich dann nicht? Wenn dir erstmal klar geworden ist, dass alles, was dir Sorgen macht, bloß ein subjektiver Reiz in deinem Gehirn ist, dann ist es so einfach damit umzugehen, wie mit einem zerbrochenen Glas. Du kannst die Scherben wegkehren, nimmst ein neues Glas und hast morgen schon vergessen, dass dir heute eins kaputt gegangen ist. Selbst, wenn du dich an einer Scherbe geschnitten hast – du versorgst die Wunde, entfernst die Scherben, nimmst ein neues Glas. Schon bald wirst du vergessen haben, dass dir ein Glas zu Bruch gegangen ist und du dich an Scherben geschnitten hast.

Und du fragst währenddessen Jochen, was das Theater soll und warum es ausgerechnet dich getroffen hat, und weißt du, was die Antwort ist?

Weil du es verdient hast, ein neues Glas zu bekommen. Du bist ein wunderbarer Mensch und verdienst alles Gute auf der Welt. Es mag vielleicht Schockmomente geben, Chaos und Unheil, aber das passiert alles nur neben dir. Deine Entscheidung, ob du gelassen bleibst oder dich am Glas schneidest, jeder Bruch eröffnet dir neue Möglichkeiten, die du nur sehen musst. Bleib immer aufmerksam, dankbar und vergiss dein Lächeln nicht, denn so öffnest du jede Tür.

Frage gelegentlich deinen Jochen, ob du was für ihn tun kannst, und wenn er nicht antwortet, dann lass es einfach mal im Bauch kribbeln.